왜 우리는 불평등을
감수하는가?

Does the Richness of
the Few Benefit Us All?

왜 우리는 불평등을 감수하는가?

가진 것마저 빼앗기는 나에게 던지는 질문

초판 1쇄 펴낸날 2013년 3월 15일
초판 8쇄 펴낸날 2018년 8월 17일
선집판 1쇄 펴낸날 2019년 3월 15일
선집판 3쇄 펴낸날 2021년 11월 30일

지은이 지그문트 바우만 **옮긴이** 안규남
펴낸이 이건복 **펴낸곳** 도서출판 동녘

등록 제311-1980-01호 1980년 3월 25일
주소 (10881) 경기도 파주시 회동길 77-26
전화 영업 031-955-3000 편집 031-955-3005 **전송** 031-955-3009
블로그 www.dongnyok.com **전자우편** editor@dongnyok.com
인쇄·제본 새한문화사 **종이** 한서지업사

ISBN 978-89-7297-933-3 (03300)

왜 우리는 불평등을
감수하는가?

가진 것마저 빼앗기는 나에게 던지는 질문

지그문트 바우만 지음
안규남 옮김

zygmunt bauman

동녘

Does the Richness of the Few Benefit Us All?
By Zygmunt Bauman

Copyright © Zygmunt Bauman 2013
This edition is published by arrangement with Polity Press Ltd., Cambridge, and Gius. Laterza & Figli, Rome
Korean translation copyright © 2013 by Dongnyok Publishers.

차례

가진 사람은 더 받아 넉넉하게 되겠지만
못 가진 사람은 그 가진 것마저 빼앗길 것이다.
— 마태복음 13장 12절

큰 재물에는 반드시 큰 불평등이 따른다.
큰 부자 한 명이 있으려면,
적어도 500명의 가난뱅이가 필요하다.
— 애덤 스미스

부자와 권력자에 대해서는 거의
숭배에 가까운 감탄을 표하면서 가난하고 비천한 사람들은
경멸하거나 무시하는 이러한 성향이야말로
우리의 도덕관념을 타락으로 이끄는 주된 원인이자
가장 일반적인 원인이다.
— 애덤 스미스

공작님, 제 신분이 안젤로의 신분과 다르다고 해서
제가 미쳤다고 단언하지 마세요. 부디 이성을 발휘하셔서,
진리로 행세하는 거짓을 내치시고
진리가 은신처에서 모습을 드러내게 해주세요.
— 셰익스피어, 〈자에는 자로Measure for Measure〉

"개인의 이윤 추구가 동시에 공익을 위한
최선의 메커니즘을 제공한다는 주장은 의혹에
싸였고 사실상 거짓으로 밝혀졌다."

일러두기

1. 본문에서 굵은 고딕 서체는 지은이가 강조한 부분이다.
2. 원주는 후주로, 옮긴이 주는 각주로 처리했다. 간단한 옮긴이 주는 대괄호 '〔 〕'에 넣었다.
3. 본문에 나오는 달러·파운드의 한화 환율은 2019년 3월을 기준으로 했다.

최근에 유엔 대학United Nations University 세계개발경제연구
소World Institute for Development Economics Research에서 발표한 보
고서에 따르면, 2000년 현재 전 세계 성인 인구 중 최상
위 부자 1퍼센트가 전 세계 자산의 40퍼센트를 소유하고
상위 10퍼센트의 부자가 전 세계 부의 85퍼센트를 차지
하는 반면에 하위 50퍼센트가 차지하는 부의 양은 겨우
1퍼센트에 불과하다.[1] 하지만 이는 오늘날 진행되고 있는
과정의 일단만을 보여줄 뿐이다. 평등과 관련한 훨씬 좋
지 않은 소식들, 따라서 우리 모두의 삶의 질에도 훨씬 더
나쁜 소식들이 날마다 줄을 이으며 상황은 날이 갈수록

더욱 악화되고 있다.

미셸 로카르Michel Rocard, 도미니크 부르Dominique Bourg, 플로랑 오가너Floran Augagneur는 2011년 4월 3일 자《르몽드Le Monde》에 실린 〈멸종 위기에 놓인 인간 종〉이라는 글에서, "근대적 기획의 창시자들이 지금의 사회적 불평등을 본다면 부끄러움에 얼굴을 붉힐 것이다"라고 결론짓는다. 프랜시스 베이컨Francis Bacon과 데카르트René Descartes가 살던 시대, 계몽주의 시대, 나아가 헤겔Georg Hegel이 살던 시대까지만 해도, 지구상에서 가장 빈곤한 지역보다 생활수준이 두 배 이상 높은 곳은 전혀 없었다. 그러나 오늘날 세계 최고 부국인 카타르의 1인당 소득은 최빈국 짐바브웨의 428배에 이른다. 하지만 잊지 마시라. 토끼와 말을 한 마리씩 준비하라는 산토끼-말고기 파테 요리법에 대한 우스갯소리처럼, 이 수치는 평균 소득끼리 비교한 결과일 뿐이다.

전 세계가 필사적으로 경제성장 근본주의를 밀고 나가는데도, 빈곤은 좀처럼 사라지지 않고 지속된다. 생각

있는 사람들이라면, 잠시 멈춰 서서 부의 재분배로 인한 부수적 피해자에 대해서만큼이나 직접적 피해자들에 대해서도 생각하지 않을 수 없다. 가난한 데다 미래도 없는 사람들과 부유하고 낙천적이며 자신감과 활력이 넘치는 사람들 사이에 가로놓인 심연, 강철 체력을 갖춘 겁 없는 등반가라도 건널 수 없을 만큼 이미 깊은 심연이 날이 갈수록 더 깊어지고 있다는 사실은 분명 그 자체로 진지한 관심의 대상이 되기에 충분하다. 로카르와 공저자들의 경고처럼, 생존과 만족스러운 삶에 필요한 물건들이 갈수록 희소하고 손에 넣기 어려워지면서 형편이 넉넉한 사람들과 버림받은 빈자들 간의 살벌한 경쟁, 아니 전쟁의 대상이 되고 있으므로 갈수록 심화되는 불평등의 일차적 피해자는 민주주의가 될 것이다.

자유시장 경제학을 정당화하는 기본적인 도덕적 주장 가운데 하나, 즉 개인의 이윤 추구가 동시에 공익을 위한 최선의 메커니즘을 제공한다는 주장은 의혹에 싸였고 사실상 거짓으로 밝혀졌다. 최근의 금융 위기가 시작되기

전 스무 해 동안, 대부분의 OECD(경제협력개발기구) 국가들에서는 상위 10퍼센트의 실질 가구 소득이 최하위 10퍼센트의 실질 가구 소득에 비해 월등히 빠른 속도로 증가했다.(OECD 웹 사이트는 OECD를 34개 회원국의 협의체로 소개하면서 다음과 같이 명시한다. "회원국은 북미와 남미에서 유럽과 아시아-태평양 지역에 이르기까지 전 세계에 분포되어 있다. 여기에는 다수의 선진국만이 아니라 멕시코, 칠레, 터키 같은 신흥 부상국들도 포함된다. 또한 본 협의체는 중국, 인도, 브라질 같은 신흥 대국과 긴밀히 공조하고 아프리카, 아시아, 라틴아메리카, 카리브 연안 국가들의 경제 발전에도 적극적으로 협조한다. 본 협의체의 목적은 협력을 통해 더 강하고, 더 깨끗하고, 더 공정한 세계를 건설하는 데 있다.") 하지만 일부 국가에서는 하위층의 실질소득이 감소했다. 따라서 소득 격차는 눈에 띄게 확대되었다. 제러미 워너Jeremy Warner마저 "오늘날 미국에서 상위 10퍼센트의 평균 소득은 하위 10퍼센트의 14배에 이른다"고 인정한다. 워너는 오랜 세월 동안 시장의 '보이지 않는 손'의 능숙한 수완을 열렬히 지지해온 일간지이자 시장이 만들어내는 많은 문제들에 대

왜 우리는 불평등을 감수하는가?

한 해결책을 제시하는 매체로서 편집자와 독자 모두의 신뢰를 받는 《데일리 텔레그래프Daily Telegraph》의 부편집장이다. 그는 다음과 같이 덧붙인다. "소득 불평등의 증가는 사회적 관점에서 분명 바람직하지 않지만, 모든 사람의 부가 늘어나는 상황에서라면 반드시 문제라고는 할 수 없다. 반대로 경제 발전의 결실 대부분이 이미 높은 소득을 올리고 있는 상대적 소수에게 돌아간다면, 그것은 분명히 문제일 것이다. 지금 바로 그런 일이 실제로 벌어지고 있다."[2]

워너의 뜨뜻미지근한 시인은 사회적 위계의 상층에 있는 사람들과 하층에 있는 사람들 사이의 간격이 급속히 벌어지고 있음을 나타내는 수많은 조사 결과들과 공식 통계들이 줄지어 발표되던 시기에 나온 것이다. 오늘날 대중적 믿음들은 숙고나 의심, 확인 없이 참된 것으로 받아들여진다. 정치적 선언들은 낙수효과*를 대중적 믿음으

* 트리클 다운trickle down. 대기업의 성장을 촉진하면 덩달아 중소기업과

로 만들고자 했다. 하지만 그러한 의도와 달리 사회의 상층에 축적된 부는 다른 사람들을 더 부유하게 만들거나, 다른 사람들이 자신과 자기 아이들의 미래가 더 안전하고 낙관적이라고 느끼게 하거나, 혹은 조금이라도 더 행복하게 하는 '낙수 효과'를 발휘하는 데 실패했다.

이 책의 첫머리에 실린 마태복음의 한 구절이 증언하듯이, 불평등의 가속적인 확대재생산 성향은 인류 역사에서 얼마든지 찾아볼 수 있으니 결코 새로울 것도 없다. 하지만 최근 들어 불평등이라는, 더불어 그 원인과 결과라는 영속적 문제는 매우 새롭고 극적이고 놀랍고 충격적인 사실들로 인해 다시금 사람들의 관심의 초점으로 부각되면서 열띤 토론의 주제가 되고 있다.

소비자에게도 혜택이 돌아가 총체적으로 경기를 활성화시키게 된다는 경제 이론을 말한다.

왜 우리는 불평등을 감수하는가?

1장

우리는 오늘날 정확히
얼마나 불평등한가?

앞서 말한 사실들이라는 것이 얼마나 충격적인 수준인지 보여주는 몇 가지 수치부터 살펴보기로 하자.

가장 중대한 사실은 미국과 영국 사회를 비롯해 점점 더 많은 곳에서 발생하고 있는 '커다란 격차란 상층, 중층, 하층 사이의 격차가 아니라 꼭대기에 있는 소수 집단과 그들을 제외한 나머지 거의 모든 사람들 사이의 격차라는 사실의 발견,[3] 아니 더 정확히 말하면 다소 뒤늦은 자각이다. 예를 들어 "미국의 경우, 2007년을 기준으로 지난 25년 동안 400대 부자들의 전체 부는 1690억 달러에서 1조 5000억 달러로 10배가량 늘어난 반면, 억만장자들의 수는 40배나 증가했다." 이러한 경향은 2007년의 신용 붕괴 이후 여러 해 동안 불경기와 실업 증가가 이어지면서 급격히 가속되었다. 그동안 많은 사람들이 예상하고 묘사했던 것과 달리, 재앙의 채찍은 모든 사람에게 똑같이 가해진 것이 아니라 집요할 정도로 선택적이었던 것으로 드러났다. 예컨대 2011년 미국 억만장자의 수는 1210명으로 당시까지 역사상 최대를 기록했으며, 2007년에 3조 5000억 달러였던 그들의 전체 부는 2010년 4조 5000억 달러로 늘어났다. "1990년에는《선데이 타임스 Sunday Times》가 해마다 발표하는 영국 내 200대 부자의 목록에 들어가려면 재산이 5000만 파운드(한화 약 744억 원) 이상이어야 했다. 그런데 2008년에는 그 수치가 4억 3000만 파운드(한화 약 6403억 원)로 급증했다. 거의 9배나 늘어난 수치였다."⁴ "전 세계 최고 부자 1000명의 부를 모두 합하면 줄잡아 가장 가난한 25억 명의 부를 모두 합한 것의 2배에 이른다." 헬싱키에 본부를 둔 세계개발경제연구소에 따르면, 오늘날 전 세계 인구 가운데 최상위 1퍼

센트 부자들이 하위 50퍼센트에 속한 사람들보다 거의 2000배나 부유하다.[5]

　최근에 사회학자 다닐로 졸로Danilo Zolo는 전 세계적 불평등을 보여주는 자료들을 수집해 분석한 뒤 이렇게 결론지었다. "세계화 시대가 되면서 '권리의 시대'가 저물어간다는 사실은 극소수의 자료만으로도 충분히 확인할 수 있다. 국제노동기구의 추산에 따르면, 세계 인구 중 30억 명이 하루 2달러(미국 달러)로 규정된 빈곤선 아래에서 살아가고 있다."[6] 졸로도 언급한 사실이지만, 미국의 경제학자 존 갤브레이스John Galbraith는 유엔개발계획의 〈인간개발 보고서Human Development Report〉 1998년판에 부친 서문에서, 전 세계 인구의 20퍼센트가 전 세계에서 생산되는 모든 재화와 서비스의 86퍼센트를 차지하고 있는 데 비해 가장 가난한 20퍼센트는 불과 1.3퍼센트를 소비할 뿐이라고 보고했다. 이때로부터 거의 15년이 흐른 지금, 상황은 더 나빠졌다. 전 세계 인구 중 상위 20퍼센트가 생산된 재화의 90퍼센트를 소비하는 반면, 가장 가난한

20퍼센트는 불과 1퍼센트만을 소비하고 있다. 또한 세계 최고 부자 20명의 재산 총합이 가장 가난한 10억 명의 재산 총합과 같은 것으로 추정된다.

10년 전에 사회학자 글렌 파이어보Glenn Firebaugh는 세계적인 불평등의 장기 동향과 관련하여, 국가 간 불평등은 증가하고 국가 내의 불평등은 동일하거나 감소하던 추세에서 국가 간 불평등은 감소하고 국가 내의 불평등은 증가하는 추세로 바뀌고 있다고 주장했다.[7] '개발 도상'에 있거나 '새롭게 부상하는' 국가의 경제에는 아직까지 소비주의의 세균에 오염되지 않고 최소한의 생활임금에도 기꺼이 일하고자 하는 값싸고 말 잘 듣는 노동자들과 단기 수익을 보장할 가능성이 높은 새로운 '처녀지'를 찾는 자본이 대규모로 유입되는 반면, '선진' 경제에서는 일자리들이 가속적으로 사라지면서 노동자들의 협상 지위가 빠르게 악화되었다. 그로부터 10년 뒤에 세계은행 부총재를 지낸 경제학자 프랑수아 브루기뇽François Bourguignon은, 1인당 평균 소득을 기준으로 비교했을 때 국가 경제 간의

왜 우리는 불평등을 감수하는가?

불평등은 계속해서 줄어드는 데 비해 세계 최상위 부자들과 세계 최하위 빈자들 간의 간격은 계속 벌어지고 있고 각국 내의 소득 격차도 계속 확대된다는 사실을 발견했다.[8]

경제학자이자 공쿠르상을 수상한 소설가인 에리크 오르세나Érik Orsenna는 모니크 아틀랑Monique Atlan과 로제-폴 드루아Roger-Pol Droit와의 인터뷰에서 이러한 종류의 모든 수치들이 의미하는 바를 한마디로 요약했다. 최근의 변화는 세계 인구의 극소수에게만 이익이 될 뿐이기 때문에 10년 전처럼 상위 10퍼센트의 평균 소득만을 분석 대상으로 삼아서는 변화의 크기를 정확히 파악할 수 없을 것이라고 역설한 것이다.[9] 오늘날 진행되고 있는 돌연변이('주기상의 한 국면'과는 분명히 다른 변화)의 메커니즘을 파악하려면 상위 1퍼센트, 아니 아마도 상위 0.1퍼센트에 초점을 맞추어야 할 것이다. 그러지 않으면 최근의 변화가 초래한 진정한 영향, 즉 '중산계급'의 '프리카리아트'●로의 전락이라는 결과를 간과하게 될 것이다.

이러한 제안의 정당성은 한 국가를 대상으로 한 것이건 다수의 국가를 대상으로 한 것이건 간에 모든 연구를 통해 확인된다. 모든 연구들이 동의하는 것이 또 하나 있다. 그것은 전 세계의 거의 모든 곳에서 불평등이 급속도로 증대되고 있다는 사실이다. 이는 부자들, 그중에서도 특히 최상위 부자들은 더 부유해지는 반면 빈자들, 특히 최하위 빈자들은 더 가난해진다는 것을 의미한다. 이것은 상대적으로는 너무도 분명한 사실이며, 절대적으로도 갈수록 늘어나는 사례들을 통해 분명히 확인할 수 있다. 더군다나 부자들은 단지 부자이기 때문에 점점 더 부유해지며 빈자들은 단지 가난하기 때문에 점점 더 가난해진다. 오늘날 불평등은 자체의 논리와 추진력에 의해 계속 심화된다. 그것은 외부의 도움이나 추진력을 필요

● 프리카리아트precariat. '불안정한precarious'과 '프롤레타리아트proletariat'를 합성한 조어로 불안정한 고용·노동 상황에 놓인 비정규직·파견직·실업자·노숙자들을 총칭한다. 신자유주의 경제체제에서 등장한 신노동자 계층을 가리키는 말로 2003년에 이탈리아에서 처음 사용되었다.

로 하지 않는다. 외적 자극이나 압력, 충격 같은 것은 전혀 필요 없다. 오늘날 사회적 불평등은 역사상 최초로 영구기관●●이 되어가고 있는 듯하다. 수많은 실패 끝에, 인간들은 마침내 영구기관을 만들어 작동시키는 데 성공한 모양이다. 바로 이것이 사회적 불평등을 새로운 시각에서 생각하지 않을 수 없게 만드는 두 번째 사실이다.

이미 1979년에 카네기 재단의 연구는 당시에 접할 수 있던 엄청난 양의 증거들이 시사해주고 매일의 경험에서 확인할 수 있던 내용이 사실임을 보여준 바 있다. 그것은 아이의 장래가 주로 그 아이의 사회적 환경에 의해 결정된다는 내용이었다. 다시 말해 아이의 장래는 아이의 두뇌, 재능, 노력, 헌신이 아니라 태어난 곳과 태어난 사회 내에서의 부모의 지위에 의해 결정된다는 것이다. 이 연구에 따르면, 대기업 변호사의 아들과 하급 공무원의 아들

●● 페르페투움 모빌레perpetuum mobile. 에너지를 소비하지 않고 작동한다는 가상적인 영구기관永久機關을 뜻한다.

이 같은 교실에서 학교생활을 똑같이 잘하고 똑같이 열심히 공부하며 IQ까지 같다고 해도, 마흔 살이 되었을 때 미국 내 상위 10퍼센트의 부자에 포함될 만한 액수의 봉급을 받을 가능성에서 전자가 후자보다 27배나 더 높다. 하급 공무원의 아들은 기껏해야 중간 수준의 소득을 획득할 수 있는 것으로 나타났는데, 그마저도 확률이 8분의 1에 불과하다. 그로부터 대략 30여 년이 지난 2007년에는 상황이 훨씬 더 나빠졌다. 둘의 격차는 더 넓고 깊어졌으며 과거 그 어느 때보다도 뛰어넘기 어려워졌다. 미국 의회예산처의 연구에 따르면, 미국인들 가운데 가장 부유한 1퍼센트가 지닌 부의 총합은 하위 90퍼센트가 지닌 부의 총합보다 2조 달러나 많은 16조 8000억 달러에 달했다. 미국진보센터Center for American Progress에 따르면, 이 30여 년 동안 하위 50퍼센트의 미국인들의 평균 소득은 6퍼센트 증가한 반면 상위 1퍼센트의 소득은 229퍼센트 증가했다.[10]

1960년 미국 최고의 대기업 최고 경영자의 세후 평균

왜 우리는 불평등을 감수하는가?

보수는 공장노동자가 받는 평균 임금의 12배였다. 1974년에는 최고 경영자의 봉급과 특전이 해당 기업에서 일하는 노동자가 받는 평균 보수의 약 35배까지 치솟았다. 이미 1980년에 최고 경영자는 일반 블루칼라 노동자의 42배를 벌었고, 그로부터 10년 뒤에는 그 2배인 84배를 벌어들이고 있었다. 대략 1980년 무렵부터 불평등이 극도로 가속화된 것이다. 《비즈니스 위크Business Week》에 따르면, 1990년대 중반에 이미 그 수치는 135배로 늘어났다. 이어 1999년에는 400배가 되었고, 2000년에는 531배로 뛰었다……[11] 하지만 이는 수없이 쏟아지는 비슷한 종류의 '사실들'과 그러한 사실들을 포착하고 수량화하고 측정한 수치들의 극히 일부에 지나지 않는다. 이미 엄청난 양의 자료들이 축적되어 있고 지속적인 연구를 통해 새로운 수치들이 계속 추가되고 있기 때문에, 인용할 수치들은 무궁무진하다.

그렇다면, 이러한 수치들은 어떠한 사회적 현실을 반영하는가?

노벨 경제학상을 수상한 경제학자 조지프 스티글리츠 Joseph Stiglitz는 2007년의 신용 붕괴 이전에 자본주의 역사 상 최고의 번영을 구가한 20~30년의 호황기와 신용 붕괴 이후 맞이한 불황기의 극적인 여파를 통해 밝혀진 사실 을 다음과 같이 개괄한다. 불평등은 꼭대기에 있는 사람 들이 경제에 더 많은 기여를 하고 '일자리 창출자'의 역할 을 수행한다는 이유로 늘 정당화되어왔지만, "2008년과 2009년이 닥쳤을 때 사람들은 꼭대기에 있는 친구들이 경제를 파탄 직전으로 몰고 가면서도 수억 달러를 손쉽 게 챙기는 것을 보았다." 이번만큼은 꼭대기에 있는 친구 들이 받은 보상을 그들 사회 공헌의 대가라는 식으로 정 당화할 수 없다는 사실이 너무도 분명했다. 그들은 새로 운 일자리가 아니라 "정리 해고 된 사람들"(실직자들을 이렇 게 부르는 데는 나름의 분명한 이유가 있다)의 줄을 늘리는 데 공 헌했다. 스티글리츠는 《불평등의 대가The Price of Inequality》 에서 미국이 "부자들은 빗장 공동체gated community에 거주 하며 자녀들을 값비싼 사립학교에 보내고 최고의 의료 혜

왜 우리는 불평등을 감수하는가?

택을 받는 반면에, 나머지 사람들은 불안 속에서 기껏해
야 보통 수준의 교육과 배급제나 다름없는 의료 서비스
를 받는 세상에서 살아가는" 나라가 되어가고 있다고 경
고한다.[12] 이것은 두 세계로 구성된 그림이다. 두 세계 사
이에는 사실상 접점이 거의 없고 소통도 거의 끊겨 있다
(미국처럼 영국의 가족들 또한 사교적인 면만이 아니라 지리적인 면에
서도 '타인들', 그중에서도 특히 가난한 사람들로부터 멀리 떨어져—더
멀수록 더 좋다—살기 위해 소득에서 점점 더 많은 액수를 따로 비축하
기 시작했다).

　셰필드 대학의 인문지리학 교수인 대니얼 돌링Daniel
Dorling은 불평등의 현 상태에 대한 탁월하고도 예리한 해
부를 통해 스티글리츠가 짜 맞춘 뼈대에 살을 붙이는 동
시에 단일국가를 넘어 세계적 차원으로 시야를 확대한다.

　　세계 인구 가운데 가장 빈곤한 10퍼센트의 사람
　들은 상시적인 기아 상태에 놓여 있다. 가장 부유한
　10퍼센트에 속한 사람들의 가족들은 굶주림을 겪어

본 일이 없다. 최하위 10퍼센트는 자녀들에게 가장 기본적인 교육을 시키는 것조차 쉽지 않다. 최상위 10퍼센트는 자녀들이 이른바 '엇비슷한 친구들'이나 '더 나은 친구들'과만 어울릴 수 있도록 기꺼이 많은 수업료를 지불할 용의가 있다. 최하위 10퍼센트는 거의 언제나 사회보장도 없고 실업수당도 없는 곳에서 살아가는 반면, 최상위 10퍼센트는 그런 삶을 상상조차 할 수 없다. 최하위 10퍼센트는 도시에서 날품팔이를 하는 사람들이거나 농촌에 사는 농부들이다. 그러나 상위 10퍼센트에게 안정적인 월급이 없는 삶은 머릿속에 존재하지 않는다. 특히 최상위 1퍼센트에 속하는 거부들의 경우에는, 자신들의 재산에서 나오는 이자소득이 아닌 봉급으로 살아간다는 것은 생각도 할 수 없는 일이다.[13]

돌링은 다음과 같이 결론짓는다. "지리적으로 양극화되면서 사람들이 서로에 대해 아는 것은 점점 줄어들고,

대신 그들은 점점 더 많이 상상하기 시작한다."[14]

비슷한 시기에 스튜어트 랜슬리Stewart Lansley는 〈불평등: 우리의 경제적 재앙의 진짜 원인〉이라는 글에서 부자들이 더 부유해짐으로써 사회에 이바지한다는 통설은 의도적인 거짓말과 고의적인 도덕적 맹목의 조합일 뿐이라는 스티글리츠와 돌링의 견해에 동의를 나타낸다.

경제계의 정설에 따르면, 극심한 불평등은 경제의 효율성을 높이고 경제성장을 가속화한다. 상위에 있는 사람들의 보수를 올려주고 세금을 낮춰주면 기업가 정신이 고양되어 경제적 파이가 더 커지기 때문이라는 것이다.

그렇다면 불평등을 확대시켜온 지난 30년간의 실험이 성과를 보였을까? 증거에 따르면, 그렇지 않다. 빈부 격차는 급증한 반면, 약속과 달리 경제 발전은 없었다. 1980년 이후 영국의 경제성장률과 생산성은 지금보다 평등주의적이었던 전후戰後 시기에 비해 3분의 1가량 떨어졌고 실업률은 5배 높아졌다. 1980년 이후 맞이한 세 차례의 불황기는 1950년대와 1960년대의 불황기보다 더 심각하고 길었으며 지난 4년의 위기에서 절정에 달했다. 1980년 이후의 실험은 대체로 경제를 더욱 양극화했을 뿐 아니라 위기에 더 취약한 구조로 만드는 결과를 초래했다.[15]

이어서 랜슬리는 "임금 몫이 줄어들면서 개인 소비에 과하게 의존하는 경제들의 수요가 감소한" 탓에 "소비자 사회는 소비 능력을 잃고, 소수의 세계적 금융 엘리트의 손에 집중된 성장 수익은 자산 버블을 초래하고 있다"고 말한다. 결국 그의 결론은, 사회적 불평등의 냉혹한 현실은 사회 내의 모든, 혹은 대부분의 구성원에게 나쁘다는 것이다. 그러면서 랜슬리는 그러한 유죄 평결 뒤에 이어졌어야 하지만 아직까지 뒤따르지 않았던 선고를 내린다. "지난 30년이 알려준 가장 중요한 교훈은, 가장 부유한 구성원들이 갈수록 케이크의 더 큰 몫을 차지할 수 있도

왜 우리는 불평등을 감수하는가?

록 내버려두는 경제모델은 결국 자멸하게 될 것이라는 점이다. 우리는 아직까지도 이 교훈을 제대로 배우지 못한 것 같다."

다가오는 파국에 대한 숱한 경고들에도 불구하고 행동으로 나아가지 못하게끔 우리를 현혹하는 현재의 '경제모델'이 '자기 파괴'의 잠재력을 실현하는 순간, 즉 귀환 불능점에 이르는 순간을 맞이하지 않기 위해서는 우리가 반드시 배워야 할 교훈이다. 《평등이 답이다The Spirit Level: Why More Equal Societies Almost Always Do Better》[16]라는 놀라운 연구서의 공저자인 리처드 윌킨슨Richard Wilkinson과 케이트 피킷Kate Pickett은 돌링의 저서에 부친 서문에서, 부자들의 "귀한 재능"이 사회의 나머지 구성원들에게 이익이 되기 때문에 "부자들에게 엄청난 보수와 보너스를 지불하는 것"이 옳다는 주장은 명백한 거짓이라고 지적한다. 그러한 거짓말을 곧이곧대로 믿는 것은 위험하며 결국 우리 자신의 파멸을 가져올 뿐이다.

윌킨슨과 피킷의 연구 이후, 점증하는 고도의 불평등

이 인간 공동생활의 병리적 현상이나 심각한 사회문제들
에 미치는 유해하고도 대개는 파괴적인 영향을 보여주는
증거들이 계속 축적되어왔고 지금도 축적되고 있다. 오늘
날 심각한 소득 불평등과 점증하는 사회병리 현상들 간
의 상관관계는 이미 충분히 확인되었다. 또한 불평등이
삶의 질에 부정적인 영향을 미치는 데 그치지 않고 경제
에도 역효과를 미친다고 지적하는 연구자들이나 분석가
들도 갈수록 많아지는 추세다. 불평등은 경제를 끌어올
리기는커녕 오히려 성장을 방해한다. 앞서 인용한 연구에
서 브루기뇽은 불평등이 경제성장을 방해하는 근거 가
운데 몇 가지를 제시한다. 어떤 사람들은 사업을 하려 해
도 채권자들이 요구하는 담보물이 없어서 은행에서 대출
을 받을 수 없고, 교육 비용이 늘어난 탓에 재능이 있는
젊은이들이 역량을 쌓고 능력을 발휘할 기회를 빼앗기며,
사회적 긴장의 고조와 불안한 분위기로 인해 보안 서비
스 비용이 급증하면서 경제에 더 바람직한 방향으로 사
용될 수 있는 자원이 잠식되고 있다는 것이다.[17]

왜 우리는 불평등을 감수하는가?

요컨대 수많은 사람들이 믿고 있는 명제, 또한 우리 모두가 압력과 부추김을 이기지 못해 결국 받아들이고 싶다는 느낌을 갖게 되는 명제 속에 과연 진실이 존재하는가? 즉, '소수의 부가 우리 모두에게 이익이 된다'는 명제는 사실인가? 더 구체적으로 말하자면, 인간들 사이에 자연적으로 생겨난 불평등에 대해 이래라저래라 하는 것은 그 종류를 불문하고 사회의 건강과 활력에 해로울 뿐만 아니라 모든 구성원이 언제나 가능한 한 최대로 증식시키고 소유하고 싶어 하는 사회의 창조적이고 생산적인 능력에도 해롭다는 것이 사실인가? 그리고 사회적 지위, 능력, 자격, 보수 등의 차이가 구성원들의 타고난 재능과 사회의 안녕에 대한 기여의 차이를 반영한다는 것이 사실인가?

이 책의 나머지 부분에서는 소수의 부가 우리 모두에게 이익이 된다는 주장들이 왜 거짓인지, 만에 하나 진실이 되어 (거짓) 약속을 이행한다 해도 왜 그러한 주장들이 유효하지 않은지를 보여줄 것이다. 또한 그것들이 허위라는 사실이 갈수록 분명해지는데도 어째서 우리는 그 주장들이 제시하는 약속의 표리부동함을 계속 보지 못하며 그것들이 완전히 거짓임을 통찰하지 못하는지도 알아볼 것이다.

왜 우리는 불평등을 감수하는가?

2장

왜 우리는
불평등을 감수하는가?

대니얼 돌링은 불평등의 현상과 원인들에 대한 연구에서, "부유한 국가들 내에서 사회적 불평등이 지속되고 있는 것은 '부정의의 교의'에 대한 믿음이 계속 이어지고 있기 때문이며, 만일 우리가 사는 사회의 이데올로기적 구조에 잘못된 점이 있을 수 있다는 사실을 알게 되면 사람들은 충격을 받을 것이다"라고 강력히 주장한다.[18] 여기서 '부정의의 교의'란 큰 소리로 선언되는 (명시적) 확신들을 뒷받침하고 '타당한' 것처럼 보이게 하는 (암묵적) 전제들로, 숙고되거나 검토된 적이 거의 없다. 그것들은 언제나 배후에 존재하지만 분명하게 언급되지는 않는 믿음들이다. 우리는 근거 없는 의견들을 갖게 될 때 부지불식간에 그런 믿음들을 근거로 삼지만, 정작 그러한 믿음들 자체에 관해 생각해보지는 않는다.

마거릿 대처Margaret Thatcher는 대중이 갖고 있는 편견들을 찾아내는 데 특히 관심이 많았고, 실제로 아주 잘 찾아냈으며, 자신이 찾아낸 것을 정치적으로 잘 이용했다고 알려져 있다. 이미 돌링이 언급한 바 있지만, 마거릿 대처가 1970년 미국 방문 때 했던 연설을 예로 들어보자.

우리가 개인들을 존중하는 이유 가운데 하나는 개인들이 모두 같기 때문이 아니라 모두 다르기 때문입니다. (…) 우리 아이들의 키가 더 클 수 있다면 우리 아이들이 크도록, 다른 아이들보다 조금이라도 더 클 수 있도록 하자고 말씀드리고 싶습니다. 왜냐하면 우리가 세워야 할 사회는 시민 각자가 자신의 이익과 공동체 전체, 둘 모두를 위해 모든 잠재력을 펼칠 수 있는 사회이기 때문입니다.

왜 우리는 불평등을 감수하는가?

시민 각자가 '자신의 이익'을 추구하는 것이 '공동체 전체'에 기여한다는 암시 때문에 대처의 연설 내용은 거의 자명한 듯 보이지만, 사실 이 전제는 분명하게 설명되지 않은 채 당연한 것으로 제시되고 있을 뿐이다. 그리고 돌링이 신랄히 비판했듯이, 대처는 "잠재력을 키와 같은 것", 즉 사람들의 능력으로는 어찌할 수 없는 것으로 가정한다. 또한 아무런 증거도 제시하지 않으면서 상이한 개인들을, 상이한 사회적 조건 때문에 잠재력을 펼칠 능력이 다른 것이 아니라 선천적으로 상이한 능력을 타고나는 것으로 상정한다. 다시 말해 대처는 우리의 키가 서로 다르듯이 우리의 능력도 태어날 때부터 이미 다르게 결정되어 있다는 점을 당연시하며, 따라서 그러한 운명의 판결을 바꿀 힘이 우리에게는 거의 혹은 전혀 없다는 암시를 "기본 전제로 삼는다." 바로 이것이 20세기 말에 "사람들의 이기적 행동은 어떤 식으로건 다른 사람들에게 이익을 가져다준다는 이상한 견해가 수용되었던" 이유 가운데 하나였다.[19]

그러나 돌링이 보기에 불평등의 지속을 뒷받침하는 '부정의의 교의'는 이것만이 아니다. 그는 현실적 증거나 비판적 검증 없이 대중들의 인식과 태도와 행위에 끈질기게 영향을 미치는 또 다른 암묵적이고 은폐된 믿음들에 대해서도 언급한다. 돌링은 그와 같은 '부정의의 교의들'로 "①엘리트주의는 효율적이다(왜냐하면 다수의 이익이란 극소수의 사람들만이 소유한 것으로 정의된 능력들을 고취시킴으로써만 촉진될 수 있으므로), ②배제는 정상적인 것일 뿐만 아니라 사회의 건강을 위해 필요하며, 부에 대한 욕망은 삶의 향상에 이바지한다, ③이런 것들로 인해 초래되는 절망은 불가피하다" 같은 것들을 든다. 이러한 거짓 믿음들은, 별다른 생각 없이 거의 무심결에 사회적 불평등에 굴복하는 우리의 습관에 기인한 집단적 빈곤이 앞으로도 계속 이어지고 스스로 영속화하리라는 것을 의미한다.

자신이 선택하지 않은 상황에 놓여 있다는 것을 깨닫고 한탄하는 일을 되풀이하면서도 사람들은 아

왜 우리는 불평등을 감수하는가?

주 오랫동안 스스로의 역사를 만들어왔다. 또한 그러한 역사들은 집단적으로 형성된다. 오늘날 우리는 집단적으로 쇼핑과 연속극에 몰두하며, 텔레비전 시청과 인터넷 서핑을 통해 인간을 관찰하면서 지위 편집증을 강화하고 있다. 더 많은 것을 원하도록 유혹하는 광고는 우리 모두를 향해 탐욕스러워질 것을 제안한다.[20]

간단히 말해, 우리 대부분은 대부분의 시간 동안 자진해서(때로는 좋아서, 때로는 욕을 퍼붓고 이를 갈면서도 울며 겨자 먹기로) 그러한 제안을 받아들이고는 그것을 잘 활용하는 데 빠져 평생 헤어나지 못한다. 그렇다면 길을 달리하겠다고 마음을 바꾸기만 하면 될까? 길을 바꾸기만 하면 현실이 바뀌고 우리에게 행위를 명하는 현실의 냉혹한 요구들이 바뀔 것인가?

좋든 싫든 간에 우리가 호모 엘리겐스homo eligens, 즉 선택하는 동물에 속한다는 것은 분명한 사실이다. 아무리 강력하고 고통스럽고 끈질긴 압력도 선택을 완전히 봉쇄함으로써 우리의 행동을 완전히 결정지은 적은 없으며, 앞으로도 그런 일은 없으리라는 것 또한 분명한 사실이다. 우리는 큐가 보내는 방향대로 당구대 위를 움직이는 당구공이 아니다. 말하자면 우리는 자유로울 운명을 타고났다. 선택의 고통에서 벗어나기를 아무리 갈구한다 해도, 우리 앞에는 언제나 하나 이상의 길이 놓여 있을 것이다. 우리의 선택, 우리의 생활 방식, 우리 삶의 궤적을 합작하는 독립적인 요소로는 두 가지가 있다. 하나는 '운명'이다. 운명은 우리가 아무런 영향력도 행사할 수 없는 종류의 영역으로, 태어난 곳이나 부모의 사회적 위치, 태어난 시기처럼 우리의 행위와 관계없이 '우리에게 일어나는' 일들이다. 다른 하나는 품성이다. 우리는 적어도 원칙적으로는 우리의 품성에 영향력을 행사할 수 있다. 즉 품성을 형성하기 위해 노력하고 품성을 함양할 수 있다. 현실적 선택지의 범위는 '운명'에 의해 결정되지만, 그 범위 내에서 선택을 결정하는 것은 어디까지나 우리의 품

왜 우리는 불평등을 감수하는가?

성이다.

물론 '운명'이 정해놓은 '실제적' 선택지의 범위는 그 현실성이 어느 정도냐에 따라 달라지는데, 대개는 그 대조가 아주 뚜렷하다. 어떤 선택지는 다른 선택지에 비해 사실상 더 안전하고 덜 위험하면서 매력적이거나 혹은 그렇게 보이기 때문에, 실제로 선택하고 따르기에도 더 쉽거나 최소한 쉬워 보인다. 따라서 그런 선택지들은 오늘날 인기가 없고 권유하기 곤란한 것으로 치부되는 다른 선택지들에 비해 선택될 가능성이 더 높다고 할 수 있다. 인기 없는 선택지들은 시간과 노력과 희생을 더 많이 요구하거나 사람들의 비난을 사거나 체면을 잃는 위험을 초래하지나 않을까 하는 의혹을 산다(대부분의 경우 의혹이 아니라 사실이다). 그러므로 '현실적인' 선택지들이 선택될 확률의 분포 또한 '운명'의 영역에 속하는 셈이다. 어쨌든 우리는 '구조화된' 사회 환경에서 살아가는바, '구조화'는 바로 확률의 조작으로 이루어진다. 즉 특정 선택들의 확률을 훨씬 높이는 동시에 다른 선택들의 확률은 훨씬 낮추는

식으로 보상과 처벌의 배치를 조정하고 재조정하는 과정
으로 이루어진다는 뜻이다. 결국 '현실'이라는 것은 우리
가 스스로의 내적 소망을 방해하는 외적 저항에 붙이는
이름에 다름 아니다……. 저항이 강할수록, 장애물들은
그만큼 더 '현실적'으로 느껴지는 법이다.

　사회적 비용이 큰 선택지일수록 선택될 확률은 낮다.
그리고 선택하는 사람들이 고분고분 선택할 때 받게 되는
보상과 마찬가지로, 압력이 작용하는 선택을 거부할 때
드는 비용도 주로 사회적 용인, 지위, 위신이라는 소중한
통화로 지불된다. 우리 사회에서 이 비용들은 불평등과
불평등의 공적·사적 결과들에 대한 저항을 매우 어렵게
만들고, 따라서 저항하기보다는 체념한 채 얌전히 굴복하
거나 아니면 자발적으로 협력하는 길을 시도하고 추구하
게 하는 방향으로 조정된다. 자본주의적이고 개인주의화
된 소비자 사회의 주민인 우리가 인생이라는 게임의 전부
혹은 대부분에서 계속해서 던질 수밖에 없는 주사위들
은 대개 불평등에서 이익을 얻거나 혹은 이익을 얻기를

　왜 우리는 불평등을 감수하는가?

희망하는 사람들에게 유리하도록 정해져 있다······.

3장

새빨간 거짓말,
그보다 더 새빨간 거짓말

뛰어난 철학자이자 예리한 소설가로 우리 세계의 죄와 실수, 어리석음을 날카로운 눈으로 끈질기게 기록해온 존 쿳시John M. Coetzee는 다음과 같이 쓰고 있다.

우리의 세계가 원래부터 서로 경쟁하는 경제주체들로 갈라지도록 만들어져 있다는 주장은 궤변이다. 경쟁적 경제는 우리가 그것을 만들기로 결정했기 때문에 출현한 것이다. 경쟁은 전쟁의 순화된 대체물이다. 전쟁은 결코 피할 수 없는 것이 아니다. 만일 우리가 전쟁을 원하면 전쟁을 선택할 수 있지만,

평화를 원하면 평화를 선택할 수 있다. 만일 우리가 경쟁을 원한다면 경쟁을 선택할 수 있지만, 경쟁 대신 우호적 협력을 하기로 결정할 수도 있다.[21]

하지만 문제는, 선조들이 선택하고 실행에 옮긴 결정들에 의해 형성된 것이든 아니든 간에 21세기 초의 우리 세계가 인간적 연대와 협력은 고사하고 평화적 공존에도 우호적이지 않다는 점이다. 현재 우리의 세계는 협력과 연대를 인기 없는, 게다가 힘들고 값비싼 대가까지 치러야 하는 선택으로 만든다. 그러니 오늘날 극소수의 사람들만이 극소수의 경우에만 물질적 혹은 정신적 힘을 발휘해 그와 같은 힘든 선택을 하고 끝까지 지켜내는 것도 당연한 일이다. 아무리 고상하고 고결한 신념과 의도를 지녔다 해도, 대다수의 사람들에게 현실은 적대적이고 복수심에 가득 차 있으며 결코 꺾일 줄 모르는 상대이다. 사방에 탐욕, 부패, 경쟁, 이기심이 만연한 현실, 그렇기 때문에 상호 의심과 끊임없는 경계를 조언하고 찬양하는

왜 우리는 불평등을 감수하는가?

현실. 혼자서는 이러한 현실을 바꿀 수 없고, 이러한 현실이 없어지기를 바랄 수도 없으며, 이러한 현실을 얼버무리거나 무시할 수도 없다. 그리하여 사람들은 의식적이든 무의식적이든, 의도적이든 우연이든 간에 **만인의 만인에 대한 투쟁**의 세계를 계속해서 재생산하는 행동 양식을 따르는 것 외에 거의 아무런 대안도 가질 수 없게 된다. 바로 이런 이유로, 우리 모두는 흔히 현실(우리의 기여에 의해 날마다 재생산되어 주입된 인위적인 현실, 혹은 상상 속의 현실)을 인간의 힘으로는 맞서거나 개혁할 수 없는 '당연한 세상 이치'로 오해한다. 다시금 쿳시의 논변을 빌려 말하자면, '평균인'은 세계가 추상적인 도덕규범이 아니라 필연성에 의해 지배된다고 계속 믿을 것이다. 그러한 믿음을 받아들이고도 남을 만큼 타당한 이유들이 충분히 많기 때문에—솔직히 인정하자—'평균인'들은 그러한 믿음, 피할 수 없다면 받아들이라what must be, must be는 믿음을 계속 견지할 수밖에 없다. 그렇게 사람들은 바로 이런 세상이 우리가 살아가야만 하는 세상이라고 결론지어버린다. 옳은 결론이다. 또한 이런 종류의 세계에서는 어떠한 대안도 없고 있을 수도 없다고 결론짓는다. 잘못된 결론이다.

그렇다면 우리 '평균인들' 혹은 '보통 사람들'이 사물들의 '질서 속에' 혹은 '본성 속에' 존재하고 있으며 지속될 수밖에 없다고 보는 저 표면상 '불가피한 것들musts'은 무엇인가? 달리 말해, '세계의 상황'에 대한 모든 의견 속에 보이지 않게 숨어 있는 암묵적 전제들, 즉 우리가 일반적으로 기꺼이 받아들이는 전제들, 세계에 대한 우리의 이해(더 정확히 말하면, 오해)를 형성하면서도 조사나 검토 혹은 검증되는 일이 거의 없는 이 암묵적 전제들은 무엇인가?

몇 개만 예로 들어보자. 여기 제시하는 전제들은 사회적 불평등이라는 골치 아픈 문제와, 이 문제가 막을 수 없어 보일 만큼 커져서 암처럼 전이되는 현상과 관련하여 나머지 모든 거짓 믿음들 이상으로 책임이 있는 것들이라고 할 수 있다. 이 전제들을 다루기에 앞서 분명히 해둘 것이 있다. '불가피한 것'으로 거론되는 것들을 자세히

왜 우리는 불평등을 감수하는가?

살펴보면 모두 지금 실제로 존재하지만 결코 불가피한 것은 아닌 현 상황의 여러 양상들로, 우리가 처한 곤경의 그러한 양상들은 이번에는 검증되지도 건전하지도 않은 전제, 혹은 완전히 오도된 전제들에 의해 지속되고 있음을 알 수 있다. 우리가 처한 곤경의 여러 양상들은 그것들을 개혁하거나 대체하려는 시도들에 완강히 저항한다는 의미에서 분명히 '현실'이다. 더 정확히 말하면, 그것들은 현재 우리가 자유롭게 사용할 수 있는 수단들을 통해 이미 시작했거나 앞으로 시작할 가능성이 있는 어떤 시도들에 대해서건 완강히 저항한다는 의미에서 분명히 '현실'이다 (지금으로부터 100년 전에, 윌리엄 토머스William I. Thomas와 플로리언 즈나니에츠키Florian Znaniecki라는 두 뛰어난 사회학자가 사람들은 어떤 것을 참이라고 믿으면 자신들의 행동 방식을 통해 그것을 참으로 만든다는 사실을 알아내긴 했지만……). 하지만 그렇다고 해서 문제가 되는 양상들이 개혁되거나 대체될 수 없는 것, 다시 말해 **영원히** 인간 능력의 저 너머에 있는 것으로 입증된 것은 결코 아니다. 단지 그것들을 변화시키기 위해서는 단순한 **마음의 변화 이상의 것**이 필요함을 의미할 뿐이다. 문제가 되는 양상들을 변화시키기 위해서는 그야말로 우리의 **생활 방식**을 변화시키지 않으면 안 된다. 단순한 변화가 아니라, 대개 급격한 것이어서 처음에는 힘들고 반감마저 느껴지는 변화가 필요하다.

일반적으로 아무런 증거도 없이 '명백한' 것으로 받아들여지는 암묵적 전제들 가운데 이 책에서 면밀히 검토할 것들만 몇 개 제시하자면 다음과 같다.

① **경제성장**은 공동생활에서 생기기 마련인 과제들을 처리하고 어떤 문제든 해결할 수 있는 유일한 길이다.

② **영구적으로 증가하는 소비**, 더 정확히 말해 새로운 소비 품목의 가속적인 교체는, 인간이 추구하는 행복을 충족시키는 유일한 길이거나 적어도 중요하면서도 가장 효과적인 길일 것이다.

③ **인간들 간의 불평등은 자연적인 것이다.** 그렇기 때

문에 인간 삶의 가능성들을 삶의 불가피성에 맞춰 조절하는 것은 모두에게 이익이 되는 반면, 삶의 원칙들을 함부로 변경하는 것은 모두에게 손해를 초래할 수밖에 없다.

④ **경쟁**(가치 있는 사람은 올라가고 가치 없는 사람은 배제되거나 추락하는 양면을 지닌)은 사회질서 재생산과 사회정의의 필요충분조건이다.

경제
성장

"문제는 경제야, 이 바보야." 빌 클린턴Bill Clinton과 조지 부시George H. W. Bush가 맞붙은 1992년 미국 대통령 선거에서 클린턴 진영의 선거운동 전략가인 제임스 카빌James Carville이 만들어낸 구호다. 이후 이 말은 전 세계의 정치권에서 화려한 이력을 쌓았다. 이것은 이제 '억견臆見'(일반 대중에게 상식처럼 여겨지지만, 검토와 검증은 고사하고 거의 고려 대상조차

된 적이 없는 믿음들의 집합)으로서만이 아니라 정치학의 언어
로도 확고히 자리를 잡았으며, 선거철마다(필요하다면 선거
철이 아닐 때도) 정치가들의 연설이나 홍보 담당자들의 브리
핑에서 단골 메뉴로 등장한다. 이 구호는 대중의 정서, 공
감이나 반감, 후보자들에 대한 지지나 거부, 자신의 이익
이 선거공약이나 구호에 반영되기를 바라는 유권자들의
의중 등이 '경제성장'에 의해 완전히 혹은 거의 완전히 결
정된다는 사실을 전제하며, 이러한 가정은 일상적 경험
이 입증하듯이 의심할 여지가 없는 자명한 사실이다. 이
는 유권자들이 어떤 가치나 선호를 갖고 있든 간에 그들
의 선택을 이끄는 것은 일차적으로 '경제성장'임을 가정
한다. 이로부터 나오는 결론은, 경제가 어느 정도 성장했
는지를 보여준다는 수치들이 권력의 회랑을 차지하려는
경쟁자들 사이에서 승리 가능성을 예측할 수 있게 하는
가장 믿을 만한 요인이라는 것이다. 흔히 이러한 생각은
미국식 영어로는 'vote with your pocketbook', 영국식
영어로는 'with your wallet'(둘 모두 '주머니 사정에 따라 투표

왜 우리는 불평등을 감수하는가?

하라'는 뜻)이라는 익숙한 표현에서 볼 수 있다. 《롱맨 사전 Longman Dictionary》에 따르면, "자신이 가장 많은 돈을 차지하는 데 도움이 될 것 같은 사람이나 대상에 투표하는 것"은 인간의 자연적 성향이다.

이러한 주장은 사실일지도 모른다. 품위 있고 만족스럽고 존엄한 삶(한마디로, 살 만한 삶)의 가능성은 무엇보다도 공식적인 '경제성장' 수치에 달려 있다는 확신이 얼마 전부터 널리 퍼지기 시작하더니 이제는 확고히 뿌리를 내렸으니 말이다. 그러나 문제는 이 확신이 인간에게 본유적인 것도 아니고, 그 밖에 어떤 식으로건 '자연적인' 것도 아니라는 점이다. 이러한 확신은 비교적 최근에 생겨난 것이다. 현대 경제학을 대표하는 최고의 선구자들은 '경제성장'을 축복이 아니라 유감스러운 골칫거리로 생각했다. 다시 말해 인간들의 전체 필요를 충족시키는 데 필수 불가결한 재화들이 **아직 불충분하게** 공급된다는 사실에서 비롯한, 다행히도 지극히 일시적인 자극제로 여겼다. 그들은 인간 대부분의 전체 필요량을 계산할 수 있다고 믿었으며, 또한 일단 사회의 생산력이 전체 필요량을 충족시킬 정도로 발전하면 인간들의 '자연적' 성향에 더 가깝고 더 친화적인 '안정적' 경제, 혹은 '지속적' 경제가 도래할 것이라고 믿었다. 예를 들어 현대 경제사상의 선구자이자 19세기의 가장 뛰어난 철학자와 학자 중 하나인 존 스튜어트 밀John Stuart Mill[22]은 경제**성장**으로부터 '**정상상태**'로의 이행이 필연적으로 일어날 수밖에 없을 것이라고 예상했다. 그는 오늘날 위키피디아판으로 누구나 읽을 수 있는 대표작《정치경제학 원리Principles of Political Economy》에서, "부는 한없이 증가하지 않는다. 성장이 끝나면 정상 상태가 이어진다. 자본과 부의 정상 상태에서 (…) 우리는 지금보다 상당히 발전된 상태에 있게 될 것이다"라고 말한다. 또한 그는 "자본과 인구의 정상 상태가 곧 인류 발전의 정상 상태를 의미하는 것은 결코 아니다. 하지만 사람들이 성공의 기술에 더 이상 마음을 빼앗기지 않게 되면, 그만큼 모든 종류의 정신문화와 도덕적·사회적 진보를 위한 가능성이 생기게 될 것이다. 그만큼 삶의 기술을

왜 우리는 불평등을 감수하는가?

발전시킬 여지가 생길 것이고, 따라서 삶의 기술이 개선될 가능성이 훨씬 더 높아질 것이다"[23]라고 적고 있다.

20세기의 가장 영향력 있는 경제학자 중 하나인 존 케인스John M. Keynes[24] 역시, 사회가 지금까지와는 달리 수단(경제성장과 사적 이익의 추구)이 아니라 목적(예컨대 행복과 복지)에 초점을 맞추게 될 날이 올 것이라고 예상했다. 그는 "탐욕은 악덕이고, 고리대금은 악행이며, 돈에 대한 사랑은 혐오스럽다. (…) 언젠가 우리는 수단보다 목적을 중시하고 유용한 것보다 선한 것을 더 좋아하게 될 것이다"[25]라고 말했다. 또한 그는 "경제문제가 원래 자리인 부차적인 위치에 놓이고 삶, 인간관계, 창조, 행위, 종교 같은 진짜 문제들," 다시 말해 지금까지 사람들을 경제에 몰두하게 한 '단순한 생존'의 필요나 권력 확장의 유혹에 비해 엄청나게 더 고상하고 매력적인 '현실적' 문제들, 정말로 진지하게 대한다면 진정으로 건전한 생활양식과 공생에 이르는 길을 열어줄 문제들이 "마음과 머리를 다시 차지하게 될 날이 머지않았다"고 강조했다.[26]

고삐 풀린 자본주의가 부를 위한 부를 추구한 지 60년 이상이 흘렀다. 이 기간 동안, 공공의 부를 가치 있는 좋은 삶의 다종다양한 요구들을 충족시키는 사회 건설의 수단으로 보는 견해는 방치되어 있었다. 최근 로버트 스키델스키Robert Skidelsky와 에드워드 스키델스키Edward Skidelsky는 《얼마나 있어야 충분한가How Much Is Enough?: Money and the Good Life》라는 책을 냈다.[27] 마이클 올리어리 Michael O'Leary가 〈밀물에 빠져 죽다Drowned by the rising tides〉[28]라는 노골적인 제목의 글에서 이 책에 대해 언급한 내용을 인용하자면, 책의 결론은 "밀물이 오면 모든 보트가 뜬다는 신화에 속을 사람은 이제 아무도 없다"는 것이다 (유감스럽지만 이것은 너무 성급한 판단이었다. 세계적 불평등의 전례 없는 확대를 보여주는 엄청나게 충격적인 최근의 증거들을 보고 이제 사람들이 정신을 차렸을 것이라는 저자들의 예상과 달리, 문제의 사기 행각은 여전히 기승을 부리고 있는 것으로 보인다). 올리어리의 관점에서, OECD의 구조개혁평가보고서 〈성장을 향해Going for growth〉의 2012년판은 오늘날 부딪친 문제들의 근원에 대한 공식적 해석으로서 "책임은 가난한 사람들의 몫이고 즐거움은 부자들의 몫"임을 암시한다. OECD 노동조합자문위원회Trade Union Advisory Committee의 존 에번스John Evans 사무총장은 다음과 같이 말한다.

> 성장에 대한 추구는 위기에서 교훈을 얻지 못하고 노동시장의 탈규제를 계속 밀어붙인다. 현재의 위기를 초래한 정책들이 해결책으로 제시되는 셈이다. 더 강한 신뢰가 필요한 때에, OECD가 노동자들에 대한 보호 조치를 축소하라고 권고하는 것은 특히 우려할 만하다.

보편적 복지에 이익이 되게끔 작용한다는 '시장의 보이지 않는 손'(과거에 만들어진 법의 수갑에 묶여 자유로이 움직이지 못하는, 하지만 이제 탈규제라는 국가정책이 풀어주고자 하는 손)은 실제로 보이지 않을지 모르지만 그것이 누구의 손이고 누가 그 손의 움직임을 조종하는지에 대해서는 거의 의심할 여지가 없다. 은행과 자본 이동에 대한 '탈규제'로써, 부자들은 최대의 이익을 가져다줄 최고의 착취 지역들로 자유롭게 이동하며 더 부유해지게 된다. 반면에 노동시장에 대한 '탈규제'로써, 가난한 사람들은 자본 소유자들(증권거래소 용어로는 '투자자들')의 해외 진출을 막거나 그 속도를 늦추기는커녕 그들의 활동을 추적하는 것조차 불가능하게 되어 더 가난해진다. 더욱이 가난한 사람들이 취직해서 생활임금을 받을 가능성은 부를 좇는 자본의 변덕에 내맡겨진다. 그와 더불어 경쟁은 빈자들의 삶을 만성적으로 위태롭게 하고 빈자들을 극심한 정신적 불안, 끊임없는 걱정, 만성적 불행 등의 원인으로 만들어버릴 가능성이 있다. 사실 그것들은 비교적 안정적인 (극히 짧은) 시기에도 계속해서 빈자들을 괴롭히는 독소들인데도 말이다.

사회 분열의 초래라는 '탈규제 정책'의 고질적 문제점은 가장 철저하게 은폐되는 공식적 비밀에 속한다. 일반 대중용으로 작성된 공식 원고들은 탈규제를 모든 사람의 복지에 이르는 왕도로 제시하며, 국가 '전체 부'의 부침을 보여주는 지표이자 국가의 복지와 동일시되는 GNP(국민총생산) 통계는 부의 배분 방식에 대해 침묵한다. 무엇보다도 중요한 것은 GNP 통계가 **전체 부의 증가가 사회적 불평등의 심화와 병행한다는 진실**을 은폐한다는 점이다. 사회적 피라미드의 최상층부와 최하층부 사이에는 안정된 삶과 전반적 행복이라는 측면에서 이미 건널 수 없는 간극이 존재하는데, 이 간극은 갈수록 더 벌어지고 있다. 사회적 피라미드의 나머지 모든 부분은 거침없이 확대되는 데 반해 최상층부만은 해마다 더 좁아지고 있다는 사실을 기억해야 한다.

2007년의 신용 붕괴 이후 미국 GNP 증가분의 90퍼센트 이상이 가장 부유한 1퍼센트의 미국인들에게 돌아갔다. 최근 저널리스트 줄리아 칼러위Julia Kollewe가 추산한 바에 따르면, 이러한 간극의 확대와 '경제성장'의 제일 큰 몫을 가져가는 억만장자 수의 감소는 더 이상 막을 수 없을 정도로 꾸준히 가속화되고 있다. 오늘날 세계 최고 부자 10명이 총 2조 7000억 달러의 부를 소유하고 있는데, 이는 세계 5위 경제 대국인 프랑스의 경제 규모와 거의 같다.[29] 그들 가운데 스페인 최고의 의류 기업인 인디텍스 Inditex의 설립자로 1600개의 자라ZARA 매장을 소유한 아만시오 오르테가Amancio Ortega의 재산은 2011년 10월 이후 단 1년 만에 180억 달러(한화 약 20조 2860억 원)나 늘어났다. 하루에 약 6600만 달러(한화 약 743억 원)를 번 셈이다. 영국 고임금위원회British High Pay Commission에서 확인한 자료에 따르면, 영국 내 최고 경영자들의 소득은 지난 30년 동안 40배 증가한 반면 일반 노동자의 평균 임금은 고작 3배 증가했을 뿐이며 현재 약 2만 5900파운드에 멈춰 있다. 이 위원회의 의장인 데버라 하그리브스Deborah Hargreaves의 말을 빌리면, "영국 기업들의 최상층부에는 위기가 존재한다. 그것이 우리 경제를 크게 좀먹고 있다. 고위급 임원에 대한 보수가 회사의 성과를 반영하지 않은 채 밀실에서 결정되며 엄청난 불평등을 가중시키고 있다는 사실은 우리 사회의 최상층부에 심각한 문제가 있음을 의미한

왜 우리는 불평등을 감수하는가?

다." 상처에 소금을 문지르는 격이 되겠지만, 사회의 0.1퍼센트에 속하는 사람들의 재산이 엄청나게 증가하는 것은 나머지 99.9퍼센트에 속한 사람들 대부분이 '유례없는 내핍 생활의 시기'에 있을 때다.

지금까지 제시한 수치들은 단일 국가 안에서의 불평등이 갈수록 증가하고 있음을 보여주었다. 하지만 전 세계적 차원에서도 사정은 다르지 않다. 독일 뒤스부르크-에센 대학Duisburg-Essen University의 아냐 바이스Anja Weiss 교수는 오늘날의 동향들을 수집·분석한 끝에 세계적 불평등과 관련해서, 단일 국가 내에서의 불평등보다 훨씬 더 암울하고 당혹스러운 수준은 아니지만 그와 엇비슷한 정도의 섬뜩한 전망을 이끌어냈다. "현실적으로 볼 때, 세계적 불평등의 미래상은 냉혹하다. 미래에도 현재와 같은 상황이 계속된다면 변화를 위한 동기도, 가능성도 거의 없을 것이다 (…) 불평등은 계속되고 민족국가 체제는 그러한 불평등을 계속 정당화하리라는 것이 현실적인 전망이다."30

전반적으로 이러한 미래상은 거의 의심할 여지가 없다. 현재 추세대로라면, 경제성장('국민총생산'이라는 통계 수치로 표현되며 화폐 유통량의 증가와 동일시되는)은 우리 대부분에게 더 나은 미래를 약속하지 않는다. 오히려 경제성장은 이미 압도적 다수인데도 여전히 그 수가 급증하고 있는 많은 사람들이 지금보다도 더 심각하고 냉혹한 불평등과 더 불안정한 조건 및 더 많은 추락과 원통함과 모욕과 굴욕을 겪게 될 것임을 예고한다. 즉, 사회적 생존을 위한 지금보다 훨씬 더 힘든 싸움을 예고한다. 부자들이 지닌 부의 증가는 부와 소득의 위계에서 아래쪽에 있는 사람들에게는 고사하고 부자들과 가장 가까이에 있는 사람들에게조차 낙수 효과를 발휘하지 못한다. 악명이 자자하지만 그나마도 갈수록 환상이 되어가는 계층 상승의 '사다리'는 오늘날 점점 더 통과할 수 없는 수많은 격자들과 넘을 수 없는 장벽들로 바뀌고 있다. **경제성장은 소수에게는 부의 증가를 의미하지만, 수많은 대중에게는 사회적 지위와 자존감의 급격한 추락을 의미한다.** 갈수록 해로움만 더해가는 집단

왜 우리는 불평등을 감수하는가?

적 경험을 통해 접하는 '경제성장'은 도처에서 분명히 목격되는 끔찍한 사회문제들에 대한 보편적 해결책이 아니라 그러한 문제들을 지속시키고 심화시키는 주된 원인으로 보인다.

그런데도…… 대기업 '임원들'의 어마어마한 소득과 보너스와 특전들을 저 악명 높은 '낙수 효과 이론'으로 정당화하는 일은 너무나도 흔히 자행된다. 낙수 효과 이론의 주장은 이렇다. 스티브 잡스Steve Jobs나 리처드 브랜슨Richard Branson처럼 성공한 기업가들이 성공적인 회사를 만들어 더 많은 일자리를 제공할 텐데, 그렇게 특출한 재능을 타고나는 사람들은 드물기 때문에 대기업 이사회는 국민들에게(사실은 어디까지나 주주들에게) 양질의 서비스를 제공하기 위해 최고 경영자들에게 최고의 보수를 제공해야 한다고 말이다. 그러지 않을 경우 이 '부의 창조자들'은 자신들의 재능을 다른 데 쓰게 될 것이고, 그렇게 되면 회사의 훌륭한(저작권 용어로는 '이윤을 내는') 실적 덕분에 이익을 볼 수 있었을 사람들이 그만큼 손해를 보게 된다는 것이다. 스티브 잡스나 리처드 브랜슨 같은 사람들이 드문 것은 사실이다. 하지만 대기업 주요 인사들의 매직 서클에 진입한 사람들이 자기가 맡은 기업을 성공의 길로 이끌건 파국으로 이끌건 상관없이 엄청난 액수의 보수를 받는 일은 드물지 않다. 결국 낙수 효과를 주장하는 사람들이 늘 거론하는 유명 인사들의 이름은, 엄청나게 부유한 엘리트들이 사실상 어떤 실적을 올리든 간에 스스로를 지키기 위해 마련해놓은 문서화되지 않은 암묵적인 집단적 보험증서를 은폐하는 가림막 역할을 하는 셈이다…….

실제 취지나 목적과 달리, 이러한 보험증서는 공공의 부의 증가를 (보장은 고사하고) 촉진 내지 진작시키기는커녕, 오히려 최고 부자들이 사람들의 복지 증진에 기여하든 기여하지 않든 보수를 받을 권리를 보장한다. 이 암묵적 보험증서의 진짜 목적은 특권들을 공적 서비스에 활용하는 데 있는 것이 아니라 **특권들을 보호**하는 데 있다. 이 증서는 소수의 최상위 소득자들을 그들의 활동 때문

왜 우리는 불평등을 감수하는가?

에 알 수 없는 운명의 처분에 생계를 내맡기게 된 모든 사람들이 직면할지 모를 온갖 재앙의 결과로부터 면제시킨다. 여기에 걸려 있는 것은 부의 **생산**이 아니라 부의 **분배**다. 알기 쉽게 말하면, 최고 경영자는 소득에 걸맞은 수준의 실적을 올리건 말건 고소득을 독차지한다. 최고 경영자의 주식 도박이 오판이었을 경우 그들이 일자리를 보장해주어야 할 직원들 중 일부는 생계를 잃고 생활임금을 받지 못하게 되지만, 최고 경영자 자신은 계약상 보장된 '고액 퇴직금golden handshake'을 즐거운 마음으로 기다릴 수 있다. 위키피디아는 이러한 관행에 대해 다음과 같이 설명한다.

'고액 퇴직금 지급 약정'은 대기업의 고위급 임원들에게만 제공되는데, 그 액수가 수백만 달러에 이르기도 한다. 이 약정은 새로운 업무 수행에 내재된 위험을 상쇄하기 위한 것이다. 고위급 임원들은 해고될 가능성이 높고, 제삼자에게 일을 맡기는 회사는 재무 상태가 불안정하기 때문이다. 여기에는 경영자가 업무를 성공적으로 수행해내야 한다고 적시되지 않기 때문에 일부 투자자들은 이러한 약정에 우려를 표명해왔다. 세간의 이목을 끈 몇 가지 사례를 보면, 기업들이 수백만 달러를 잃고 수천 명의 노동자가 해고되는 동안에 경영자들은 스톡옵션*을 현금화했다. 고액 퇴직금 지급 약정은 최고 경영자들이 기업 매각을 용이하게 하기 위해 회사의 주가를 일부러 떨어뜨리도록 하는 역逆인센티브를 초래할 수도 있다.

다음은 오늘날 보편적으로 볼 수 있는 사례 중 몇 가지만 임의로 뽑은 것이다.

* 스톡옵션stock option. 회사가 임직원에게 일정 기간이 지나면 일정 수량의 자사 주식을 매입할 수 있도록 부여한 권한을 말한다. 따라서 스톡옵션을 받은 임직원은 자사 주식을 사전에 정한 가격으로 구입해 주가 변동에 따른 차익을 얻을 수 있다. 미국에서는 스톡옵션이 일반화되어 전문 경영인의 경우 스톡옵션을 통해 본봉보다 더 많은 소득을 올리고 있다.

왜 우리는 불평등을 감수하는가?

부유한 경영자들은 회사를 그만두는 즉시 수백만 달러에 이르는 퇴직금을 받는다. 많은 경우 일괄 계약에 명시된 그러한 퇴직금은 회사의 재무 목표가 달성되든 말든, 수익을 내든 말든 지급되어야 한다. (…) 예를 들어 월트 디즈니사Walt Disney Co.의 전 회장 마이클 오비츠Michael Ovitz가 받은 퇴직금은 1억 4000만 달러를 상회했는데, 이는 디즈니사의 연간 총 순익의 약 10퍼센트에 해당하는 액수였다. 또한 최고 경영자로 있는 동안 주가가 50퍼센트 이상 떨어져 해고된 마텔사Mattel Inc.의 질 배러드Jill Barad는 회사로부터 4000만 달러의 퇴직금을 받았다.[31]

알려진 바에 따르면, 런던시 전임前任 경찰총장인 이언 블레어 경Sir Ian Blair이 받게 될 보수는 무려 100만 파운드[한화 약 14억 원]에 달한다. 우선 그가 직무 수행에 완전히 실패한 대가로 받게 되는 퇴직금이 약 29만 5000파운드다. 이는 원래 계약한 5년의 임기를 모두 마칠 경우 받게 될 남은 봉급의 총액이다. 또한 그는 원래 물러나기로 되어 있던 2010년 2월까지 경찰총장직을 수행했다면 받았을 특전들과 법적 비용들에 대한 대가로 10만 파운드를 더 받는다. 뿐만 아니라 67만 2000파운드의 퇴직연금 일시금에다 연 12만 6000파운드의 물가 연동 연금도 있다. 한 국회의원은 이에 대해 "어처구니없는" 계약이라고 말했으며 또 다른 국회의원은 "말도 안 되는" 계약이라고 평했다. 이언 경이 재임한 3년 반 내내 그의 판단력과 지도력 및 단속 방식을 두고 의문들이 꼬리를 물었다. 그는 가까운 친구가 경찰 계약을 따낼 수 있도록 영향력을 행사했다는 의혹이 제기된 지 불과 몇 시간 뒤에 사임했다.[32]

1995년 노벨상 수상자인 로버트 루카스Robert Lucas(루카스는 은행들과 신용 채권에서 비롯한 경제의 극적인 붕괴가 일어나기 불과 2년 전인 2003년 금융시장의 탈규제를 "불황 예방이라는 중심 문제"의 "실질적 해결책"으로 제시한 바 있다)를 비롯한 많은 주요 경제학자들의 단언과는 반대로 기존 부자들의 엄청난 소

왜 우리는 불평등을 감수하는가?

득은 '실물경제'(생활에 필요한 재화의 생산 및 분배와 관련한 경제)에 재투자되지 않았고, '실물경제'에의 기여에는 아무 관심도 흥미도 없는 부자들의 매직 서클 내에 명목화폐량을 재할당하는 데 쓰였다. 스튜어트 랜슬리를 인용해 보자.

현대 경제 이론은 순수 시장•들이 더 광범위한 경제에 이익을 주는 방향으로 작동할 것이라고 예측한다. 하지만 역인센티브의 결과로, 은행들은 아무런 규제 없이 세계경제에 마구 신용을 공급하게 되었다. 그로 인해 금융업자들의 부는 늘어났지만, 그것은 '실물경제'를 질식시키는 활동이 확대된 결과였을 뿐이다. (…) 기업 인수, 사모 펀드, 부동산 및 다양한 형태의 투기 활동, 금융과 산업공학 등에 쏟아부은 돈은 재산 축적으로 이어졌지만, 그것은 부나

• 순수 시장pure market. 현실에 존재하지 않고 존재한 적도 없는 순전히 이론적인 경제체제를 가리킨다.

기업 또는 일자리의 신규 창출에 의한 것이 아니라 주로 기존 것들의 이전移轉에 의한 것이었다.[33]

이 모든 내용에서 이끌어낼 수 있는 결론은 단 하나다. "(금융기관과 신용 제공 기관들에 대한) 탈규제와 이 기관들의 주식회사로의 전환은 금융 산업의 최상층에 있는 사람들에게 더 높은 보수와 커미션과 보너스를 제공해주는 또 하나의 노다지판이었던 것이다."[34] 하지만 동시에 그것은 '실물경제'에서 살고 일하는 수백만 '신용 대출자들'의 생계를 실물경제의 호황과 불황 앞에 방치해버리고 안 그래도 빈약하기 짝이 없는 자산을 더욱 말라붙게 만드는 노다지판이기도 했다.

왜 우리는 불평등을 감수하는가?

늘어나는
소비

2011년 5월 21일 케니언 대학Kenyon College의 졸업식 연설에서 미국 소설가 조너선 프랜즌Jonathan Franzen은 "기술의 궁극 목적, 즉 테크네techne의 텔로스telos는 우리의 소망에 냉담한 자연 세계(허리케인과 역경의 세계, 우리의 마음을 아프게 하는 세계, 우리의 소원에 맞서는 세계)를, 사실상 확장된 자아라고 해도 될 만큼 우리의 소망에 즉시 응답하는 세계로 대체하는 것이다"라고 말했다. 기술의 궁극 목적이 기껏해야 안락과 편의라는 얘기다. 프랜즌은 기술이 추구하는 바는 힘들이지 않고 편안한 것, 편안한 상태로 힘들이지 않는 것, 우리의 기분과 공상에 고분고분히 따르는 세계를 만드는 것, 의지와 현실 사이에서 호전적인 태도로 완강히 버티고 선 모든 것을 제거하는 것이라고 본다. 바꿔 말하면 이렇다. 우리가 '현실'이라고 부르는 것은 인간의 의지에 반하는 것을 의미하므로, 기술의 궁극 목적은 현실을 끝장내버리고 필요한 것과 원하는 것들로만 이루어진 세계에서 사는 것이다. 나, 너, 우리(구매자이면서 소비자요, 기술의 사용자이자 수혜자인 우리)에게 필요한 것과 우리가 원하는 것들로만 이루어진 세계 말이다.

우리 모두가 특히 열정적으로 느끼는 강력한 소망은 사랑하고자 하는, 또 사랑받고자 하는 욕구일 것이다.

이에 프랜즌은 다음과 같이 말한다.

> 우리의 시장이 소비자들이 가장 원하는 것을 찾아내 반응하듯이, 우리의 기술은 우리가 꿈꾸는 에로틱한 관계의 이상에 딱 들어맞는 제품들을 극히 능숙하게 만들어낼 수 있게 되었다. 이상적인 에로틱한 관계에서는 우리가 사랑하는 대상이 아무 대가도 요구하지 않고, 우리가 원하는 즉시 모든 것을 제공하고, 우리 자신을 전능한 존재로 느끼게 하며, 심지어 훨씬 더 매력적인 대상의 출현으로 인해 서랍 속에 처박히게 되는 일이 생기더라도 끔찍한 장

왜 우리는 불평등을 감수하는가?

면을 연출하지 않는다.

프랜즌이 말한 서랍 외에 쓰레기통과 바닥을 알 수 없는 망각의 쓰레기 매립지도 추가하고 싶다. 말만 하면 명령대로 실행하거나 손가락 두 개를 움직이면 이미지가 확대되는 전자 기기들처럼, 시장에서 교환되는 기술의 산물들은 우리가 사랑하는 대상들이 제공해주었으면 하고 늘 꿈꾸지만 실제로는 좀처럼 얻기 힘든 모든 것을 점차 구현해가고 있다. 더군다나 이 산물들은 눈치 없이 너무 오래 머물다가 눈총을 받는 일도 없고, 자신이 차였다고 우리를 되차지도 않는 미덕까지 갖추었다. 전자 기기들은 사랑을 주기만 하는 것이 아니다. 그것들은 독특한 방식으로 사랑받도록 만들어져 있는데, 이는 다른 사랑의 대상들 역시 제안받기는 하지만 좀처럼 수락하지 않는 방식이다. 전자 기기들은 사랑할 만한 가장 건전한 대상들로서, 사랑의 시작과 끝 모두를 위한 기준과 양식을 보여준다. 그 밖의 사랑의 대상들은(전자적인 것이건 육체적인 것이건, 무생물이건 생물이건 간에) 사랑받을 자격을 잃고 거절당하는 위험을 감수하지 않는 한 그러한 기준과 양식을 무시할 수 없다.

전자 기기의 경우와 달리 **한 인간에 대한** 인간의 사랑은 헌신, 위험 감수, 자기희생의 의지를 의미한다. 그것은 불확실하고 지도에도 없는 거칠고 울퉁불퉁한 길을 선택하는 것을 의미하며, 다른 사람과 삶을 공유하고자 하고 그렇게 하기로 결정하는 것을 의미한다. 사랑은 밝은 행복과 함께할 수도 있고 아닐 수도 있지만, 안락과 편의와는 함께할 수 없다. 안락과 편의에 대한 확신은커녕…… 자신 있는 기대조차 가질 수 없다. 사랑은 당사자에게 능력과 의지를 최대한 발휘할 것을 요구하며, 그렇게 해도 실패할 수 있고 부족함이 드러날 수 있으며 자존심에 상처를 입을 수도 있다고 경고한다. 살균되고, 주름 하나 없이 매끈하고, 고통도 위험도 모르는 전자공학의 산물들은 결코 사랑이 아니다. 프랜즌의 말처럼, 전자 기기가 제공하는 것은 "사랑이 우리의 자존심이라는 두려움에 쏟아

왜 우리는 불평등을 감수하는가?

붙는 쓰레기"로부터의 보호이다. 결국 사랑의 전자적 버전은 결코 사랑에 대한 것이 아니다. 소비자 기반 기술의 산물들은 나르시시즘의 충족이라는 미끼로 고객들을 유혹한다. 그것들은 무슨 일이 일어나든, 우리가 무엇을 하고 무엇을 포기하든, 우리를 좋게 생각할 것이라고 약속한다. 프랜즌이 지적했듯이, "우리는 자기가 만드는 영화의 주인공이다. 우리는 쉴 새 없이 자기 사진을 찍고 마우스를 클릭한다. 기계는 우리의 우월감을 확인해준다. (…) 친구 맺기란 실물보다 나아 보이게 해주는 거울들로 가득 찬 사적 공간에 다른 사람을 입장시키는 행위일 뿐이다." 그는 다음과 같이 덧붙인다. "완벽하게 호감을 살 만한likable 존재가 되려는 것은 연애 관계와 양립할 수 없다."

사랑은 나르시시즘의 해독제이거나 혹은 그런 존재가 될 위험을 내포한다. 우리가 자존심을 행위 영역에서 확인하기를 애써 회피하며 가식의 보금자리에 앉혀두려 할 때, 사랑은 바로 그 가식이 허위임을 폭로하는 최고의 밀고자가 된다. 사랑의 전자적 버전, 즉 전자적으로 살균되고 하얗게 도포된 위조 사랑이 제공하는 것은 진짜 사랑이 내포하는 악명 높은 위험으로부터 자존심을 보호하기 위한 안전망이다.

고분고분히 말 잘 듣고 결코 주인의 뜻을 거스르는 법 없이 순종적이 되어가는, 즉 점점 더 '사용자 친화적'이 되어가는 전자 기기들의 판매를 통해 막대한 이윤을 올리는 '전자 부문의 호황'은 새로 발굴되어 개발되는 또 하나의 '처녀지'로서의 모든 특징(그리고 끝없이 새로운 처녀지를 발굴하는 비법)을 갖추고 있다. 이제 소비자 시장은 또 다른 정복에 성공하고 있는 셈이다. 관심, 걱정, 욕망, 노력 등의 영역은 지금까지 보통 사람들의 주체적 결정이나 가내수공업, 홈 베이킹 등에 맡겨져 있었고 시장의 관점에서 볼 때는 수익성이 없었지만, 이제는 성공적으로 상품화·상업화되기에 이르렀다. 사람들의 마음을 사로잡는 많은 영역에서 그렇듯이, 이 영역에서의 활동들도 일상을 벗어나 잠시의 기분 전환을 구매하는 행위로 변질되어 쇼핑몰로 향하게 되었다. 다시 말하지만, 기만적인 주장들과는 달

왜 우리는 불평등을 감수하는가?

리 소비자 시장이 가장 최근에 개척한 영역은 사랑의 영역이 아니라 나르시시즘의 영역이다.

매일같이 엄청나게 많은 수의 똑같은 메시지들이 스크린과 스피커들을 통해 밀려든다. 그 메시지들은 때로는 노골적이라고 할 만큼 솔직하고, 때로는 교묘하게 숨겨져 있다. 하지만 겨냥하는 것이 지적 능력이건 감정이건 무의식적 소망이건 간에, 그것들은 언제나 상점이 공급하는 상품의 획득과 소유와 향유에 뿌리내린 행복을(혹은 즐거운 기분이나 환희, 황홀경, 무아지경의 순간들을, 말하자면 매일 혹은 매시간 티끌 모아 태산 식으로 조금씩, 평생 동안 제공되는 행복을) 약속하고 제안하고 암시한다.

그 메시지가 무엇인지는 너무나 분명하다. **행복에 이르는 길은 쇼핑이다.** 이 말은 한 나라 국민의 쇼핑 활동의 총합은 그 사회의 행복의 크기를 재는 가장 믿을 만한 척도이며, 그중에서 개인이 차지하는 몫의 크기는 개인의 행복의 크기를 재는 가장 믿을 만한 척도라는 사실을 의미한다. 상점들에는 짜증 나고 불편한 모든 것, 즉 아늑하고 편안하고 끊임없이 만족을 주는 상태를 방해하는 크고 작은 온갖 골칫거리들과 불쾌한 일들에 대한 믿을 만한 처방약들이 갖추어져 있다. 어떤 것을 광고하고 진열하고 판매하든지, 상점들은 실제로 존재하거나 존재하게 될 삶의 모든 고통, 즉 이미 겪은 고통과 앞으로 닥칠 고통들에 대한 약국이다.

메시지는 사회의 위계에서 위에 있는 사람들과 아래에 있는 사람 모두에게 무차별적으로 전달된다. 메시지는 보편적인 것으로 받아들여져 삶의 모든 경우에, 그리고 인간 모두에게 타당한 것으로 간주된다. 그러나 사실 메시지는 사회를 진짜 소비자들의 범주(물론 이들 내에는 등급이 존재한다)와 실패한 소비자들의 범주로 나눈다. 진짜 소비자는 필요한 모든 자격을 갖추고 제 몫을 할 수 있는 소비자를 말한다. 반면에 실패한 소비자는 무엇보다도 충분한 자원의 결여 때문에 메시지(줄기차고도 강력하게 주입된 결과, 마침내 결국은 질문도 예외도 허용하지 않는 의무적 명령이 되어버린)가 그들에게 충족시킬 것을 촉구하고 부추기는 기준들

왜 우리는 불평등을 감수하는가?

에 따라 살아갈 수 없는 사람들이다. 전자는 자신들 노력의 결실에 만족해한다. 소비자 순위표에서의 높은 자리는 그들이 타고났거나 노력해서 얻은 우월함, 행복과 관련한 복잡다단한 일들을 처리하는 동안 발휘해온 그 우월함에 대한 당연하고 적절한 보상으로 여겨진다. 반면에 후자는 굴욕감을 느끼며, 열등한 존재의 범주에 포함된 것을 창피해한다. 그들은 순위표의 아래쪽에서 더 아래로 떨어질 위기에 있거나 이미 그렇게 되는 중이다. 그들은 자신들의 빈약한 성과와 그러한 결과를 초래한 원인들, 즉 재능이나 근면, 끈기 등의 결여나 부족 같은 그럴듯한 원인들에 부끄러움을 느낀다. 비록 피할 수 있고 바로잡을 수 있는 악덕들로 여겨지더라도(혹은 여겨지기 때문에), 이러한 결함들은 수치스럽고 저급하고 품위와 자격을 실추시키는 것이 되어버린다. 경쟁의 희생자들이, 도리어 경쟁이 초래한 사회적 불평등을 책임져야 할 사람들로 공공연히 비난받는 것이다. 이보다 더 심각한 문제는 그들이 자존감과 자신감을 희생시키면서까지 공적인 평가에 동의해 스스로를 비난하는 경향을 보인다는 점이다. 모욕에 상처가 더해지고, 불행으로 입은 상처에 비난의 소금까지 뿌려지는 셈이다.

약자들이 스스로에게 내린 사회적 열등함의 선고는 선고로만 그치지 않고, 부정의한 불평등 자체에 대한 반대는 물론이요 가벼운 불만의 속삭임조차 집어삼켜버릴 뿐 아니라 승자가 보내는 연민이나 동정도 받아들인다. 이제 상황에 대한 이의 제기와 상황을 지속시키는 생활 방식에 대한 반대의 목소리는, 잃어버리고 도둑맞은(하지만 표면상 양도 불가능한) 인권, 즉 존중되어야 하고 그 원칙들이 인정되고 동등하게 제공되어야 할 인권에 대한 정당한 옹호로 여겨지지 않는다. 반대의 목소리는, 니체Friedrich Nietzsche의 말을 인용하면 "어떠한 악덕보다도 해로운 (…) 모든 실패자들과 약자들에 대한 동정"[35]으로, 바로 그렇기 때문에 그러한 부류의 사람들에 대한 "관용과 묵인 속에 늘 존재하던 최대의 위험"[36]으로 간주될 뿐이다.

이런 식으로 획책된 대중적 믿음들은, 사회적으로 형

성된 불평등의 흐름을 저지하고 나아가 그 흐름의 확산을 막고 제한하려는 모든 진지한 시도로부터 불평등을 보호하고 폭넓은 사회적 지지를 불러일으키기 위한 매우 효과적인 방패 역할을 한다. 하지만 그러한 믿음들은, 현재의 소비자와 잠재적 소비자에게 제공되는 화려한 상품들(행복한 삶과 동일한 것으로 여겨지는 보상들)의 향연에 매일같이 초대받으면서도 결국은 매일같이 배제되고 참석을 거부당하는 사람들의 마음속에 분노와 원한이 생겨나고 쌓이는 것은 막지 못한다. 2011년 영국 토트넘에서 일어난 실패한/탈락한 소비자들의 폭동 ● 처럼, 때로는 축적된 분노가 폭발해 일시적인 파괴의 광란이 벌어지기도 한다. 그러나 이는 소비주의 사회의 기본교리에 의문을 제기하고 도전하는 행위라기보다, 아주 잠깐 동안이라도 소비자

● 2011년 8월 영국 토트넘에서 마크 더건Mark Duggan이라는 흑인 청년이 경찰의 검문 도중 총격으로 사망한 것을 계기로 영국 전역에서 폭력과 방화, 약탈이 이어졌다. 보수 각료들은 일부 폭력집단이 주도한 범죄라고 발표했으나 바우만은 영국의 장기적인 경기 침체와 실업에 좌절한 소비자들이 일으킨 반란으로 해석했다.

천국에 들어가고 싶어 하는 궁핍한 자들의 필사적인 욕망의 표현일 뿐이다. 행복 추구는 곧 쇼핑이라는 것, 행복은 상점 진열대에서 찾아야 하고 상점 진열대에서 발견되기를 기다리고 있다는 것. 오늘날 이것은 자명한 진리다.

사회적 열등의 선고에 희생자들의 동의까지 더해지면 불평등의 희생자들에게 책임이 귀속되고, 이는 굴욕에서 자라난 저항이 지금과는 다른 방식으로 조직된 사회에서 만족스러운 삶을 살고자 하는 계획에 이용되는 것을 효과적으로 방해한다. 저항은 인간 공생의 다른 측면들 대부분과 같은 운명을 맞게 된다. 저항은 '탈규제화'되며 '개인화'된다. 부당하다는 감정은 평등의 확대를 위해 쓰이는 대신 가장 가까이 있는 소비주의의 전초기지로 흡수되거나, 잘 응집되거나 융합되지 않는 무수한 개인적 불만들로, 그리고 가까이 있는 다른 개인들에 대한 선망과 복수라는 산발적 행위들로 파편화된다. 분노의 산발적 분출은 대부분 길들여진 채 갇혀 있던 유해한 감정들에 잠시 해방과 휴식을 가져다주지만, 이는 일상 속에

왜 우리는 불평등을 감수하는가?

존재하는 혐오스러운 부정의에 대한 체념과 순종을 좀 더 견디기 쉽게 해주는 역할만 할 뿐이다. 그리고 몇 년 전 철학자 리처드 로티Richard Rorty가 던진 예리한 경고처럼, "만일 미디어가 보여주는 연출된 사건들이 무산자들의 시선을 절망이 아닌 다른 데로 돌릴 수 있다면 (…) 초일류 부자들은 두려울 게 거의 없을 것이다."[37]

500년 전에 스페인의 대문호 세르반테스Miguel de Cervantes Saavedra가 말했듯이, 온갖 종류의 사회적 불평등은 모두 사회가 가진 자와 못 가진 자로 나뉜 데서 비롯한다. 그러나 사람들이 가장 열렬히 갖고 싶어 하는 대상, 바꿔 말하면 못 가지게 될 경우 가장 분개할 만한 대상은 시대에 따라 **다르다.** 유럽에서는 200년 전까지만 해도, 유럽에서 멀리 떨어진 많은 곳들에서는 불과 몇 십 년 전까지만 해도, 그리고 극히 드물긴 하지만 부족 간 전쟁이나 원주민들의 투쟁이 벌어지고 있는 곳에서는 오늘날에도, 가진 자와 못 가진 자를 싸움으로 이끌고 간 것은 주로 빵이나 쌀의 항구적인 공급 부족이었다. 하지만 신, 과학, 기술 그리고 합리적인 정치 프로젝트들 덕택에 이제는 사정이 달라졌다. 그렇다고 오랜 분열이 완전히 종식되었다는 얘기는 아니다. 반대로, 오늘날에는 너무나 원하지만 가질 수 없기 때문에 격렬한 분노를 일으키는 대상이 더 많고 다양하다. 그것들의 수는 나날이 늘어가고, 그것들을 갖고 싶은 충동 또한 갈수록 증가한다. 그리하여 그것들을 갖지 못하는 데서 생기는 분노, 굴욕, 앙심, 원한과 더불어 가질 수 **없는** 것들에 대한 파괴의 충동도 커지고 있다. 상점을 약탈하는 행위와 상점에 불을 지르는 행위는 둘 다 동일한 원천에서 나온 것으로 동일한 갈망을 충족시킨다.

오늘날 우리는 모두 소비자다. 그냥 소비자가 아니라, 다른 무엇보다도 소비자이며, 소비자일 권리와 의무가 있다. 9·11 사태가 발생한 다음 날, 조지 부시가 미국 시민들에게 충격을 이겨내고 일상으로 돌아갈 것을 부탁하면서 찾아낸 최선의 행동 수칙은 "다시 쇼핑하러 나가시오"였다. 이런 정도로, 그리고 이렇게 쉽게 우리는 하나의 소비 대상을 처분하고, 그것을 사회적 지위와 성공적 삶을

왜 우리는 불평등을 감수하는가?

위한 경쟁에서 우리가 올린 득점을 측정하는 주요 척도인 '새롭고 더 좋아진' 소비 대상으로 대체한다. 우리는 골치 아픈 일에서 벗어나 만족으로 가는 길에 마주치는 모든 문제들의 해결책을 상점에서 찾는다. 요람에서 무덤까지, 우리는 상점들을 자신의 삶과 인생 전반에 존재하는 모든 질병과 고통을 치유하거나 완화시켜줄 약들로 가득 찬 약국으로 생각하도록 훈련받는다. 그리하여 상점과 쇼핑은 그야말로 종말론적 차원을 획득한다. 사회학자 조지 리처George Ritzer의 명언처럼, 슈퍼마켓은 우리의 사원寺院이다. 또 한마디 덧붙이자면, 쇼핑 목록은 우리의 성무일도서요 쇼핑몰을 거니는 것은 우리의 순례가 된다. 충동구매와 보다 매력적인 물건들로 바꾸기 위해 더 이상 매력적이지 않은 물건들을 처분하는 행위야말로 우리를 가장 열광시킨다. 소비의 즐거움으로 충만함은 삶의 충만함을 의미한다. 나는 쇼핑한다, 고로 나는 존재한다. 쇼핑할 것인가 쇼핑하지 않을 것인가, 그것은 이제 더 이상 문제가 아니다.

못 가진 자들의 최신 유형이라고 할 수 있는 자격 미달 소비자들에게, 쇼핑을 하지 못한다는 것은 충족되지 못한 삶을 나타내는 불쾌하고 역겨운 흔적이며 자신이 보잘것없고 쓸모없는 사람이라는 표지이다. 단순히 쾌락의 부재가 아니라 인간적 존엄의 부재를 나타내는 표지. 사실상 살아가는 의미의 부재이며, 결국은 인간성의 부재 그리고 자기를 존중하고 다른 사람들의 존중을 받을 기타 근거의 부재를 뜻하는 표지 말이다.

자격을 갖춘 신도들에게 슈퍼마켓은 섬김의 사원이자 순례의 목적지다. 자격 미달을 이유로 소비자들의 교회에서 파문을 선고받고 쫓겨난 사람들에게 슈퍼마켓은 추방자의 땅을 차지하고서 도발하는 적군의 전초기지나 다름없다. 엄중히 경계되는 성벽이 상품들에 대한 접근을 막고, 상품들은 남은 신도들을 추방의 운명으로부터 보호한다. 조지 부시라면 당연히 동의할 일이겠지만, 그 성벽은 추방자들이 '정상적인 상태'로 되돌아가고 신도석에 앉아본 적도 없는 젊은이들이 입장하는 것을 막는다. 강

왜 우리는 불평등을 감수하는가?

철 창살과 블라인드, CCTV, 제복을 입고 출입구에 서 있는 경비원들, 건물 내부에 잠복한 사복 보안 요원들은 전쟁터의 분위기, 진행 중인 교전의 분위기를 더한다. 무장하고 철저한 경계 태세를 유지하는 '우리 한가운데의 적'이라는 성채들은 원주민의 몰락과 열등함, 고통, 굴욕을 날마다 상기시킨다. 그것들은 쉽게 다가갈 수 없는 도도하고 거만한 태도로 크게 소리 질러 도발하는 듯 보인다. "덤벼봐! 감히 너희들이 뭘 할 수 있는데?"

이 물음에 대한 대답으로 가장 흔히 그리고 가장 줄기차게 제시되는 것이 있으니, 바로 '남들보다 한발 먼저one-upmanship'라는 방책이다. 즉 사회적 지위의 불평등을 놓고 벌이는 게임에서 옆집 사람이나 직장 동료보다 한발 앞서 더 많은 득점을 하는 것이다. '남들보다 한발 먼저'는 불평등을 전제한다. 사회적 불평등은 '남들보다 한발 먼저'의 자연적 서식처이자 방목장인 동시에 그 산물이다. '남들보다 한발 먼저' 게임은 지금까지 불평등으로 초래된 손실을 회복하는 길은 더 많은 불평등뿐임을 암시한다. 이 게임의 매력은 경기 참여자들 간의 불평등을 골칫거리에서 유용한 것으로 전환시킬 수 있다는 점이다. 아니, 더 정확히 말하면 다른 사람들이 어느 정도 실패했는지를 기준으로 자신의 성공을 측정하고, 자신보다 뒤처진 사람들의 숫자를 기준으로 자신이 어느 정도 발전했는지를 측정하고, 다른 사람들의 가치가 어느 정도 하락했는지를 기준으로 자신의 가치 상승을 측정함으로써, 함께 겪고 있는 불평등이라는 사회적 골칫거리를 개별적으로 향유되는 유용한 것으로 바꾸어놓을 가능성에 있다.

몇 달 전에 프랑수아 플라오François Flahault는 공공선의 개념과 이 개념이 의미하는 현실에 대해 주목할 만한 연구를 발표했다.[38] 그는 인간관계와 교환 속에 존재하는 명시적이거나 잠재적인 세부 요소들을 끈질기게 탐구하고 해석해온 인물로, '개인주의적이고 공리주의적인' 인간 개념에 맞서 오랜 투쟁을 벌여왔다. 개인주의적이고 공리주의적인 인간 개념은 서구의 사회과학에 분명하게 혹은 암암리에 들어 있는 전제로서, **개인이 사회에 우선**하므로 '사회', 즉 '인간들이 함께 산다'는 사실은 개인들의 고유한 속성에 의해 설명되어야 한다고 가정한다. 이에 반대해 플라오는 **사회가 개인에 우선**한다는 주장을 가장 일관되게 견지해온 인물 중 하나다. 그는 개별적으로 행동한다는 사실을 포함해 개인들의 생각과 행위가, 즉 '개인'이라는 것이 '사회 속에서 살아간다'는 기본적 사실에서 기인하는 것으로 설명되어야 한다는 입장을 견지해왔다. '공공선'을 다룬 그의 책은 평생에 걸친 그의 작업을 종합한 총결산이라 할 수 있다.

플라오의 저서는 철저하게 '개인화된' 우리 사회의 현재 모습에 초점을 맞춘다. 이 책의 주요 메시지는, 오늘날 인권이라는 개념이 '좋은 정치good politics'의 개념을 대체하는 쪽으로 이용되고 있는데 사실 인권이라는 개념은 **공공**선의 개념에 기초하지 않을 수 없다는 것이다. 함께 어우러져 사회생활을 만들어가는 인간의 삶과 공존은 우리 모두가 공유하는 선을 구성하며, 모든 문화적·사회적 재화들은 바로 이 공공선으로부터 그리고 이 공공선 덕택에 가능해진다. 그렇기 때문에 행복 추구는 공생을 개인 간의 경쟁과 경합 및 투쟁의 장으로 만드는 부의 지표들에 집중하는 대신에, 경험과 제도를 비롯한 **공동의 삶의 문화적·자연적 현실들**을 장려하는 데 초점을 맞추어야 한다.

플라오의 책에 대한 논평[39]에서 세르주 오디에Serge Audier는 플라오가 오늘날 개인주의의 대안으로 내세우는 개념과 비슷한 것으로 세르주 라투슈Serge Latouche나 파트릭 비브레Patrick Viveret의 공생공락conviviality[40] 모델을 들면서, 그 모델이 공적 논의에서 거의 주목받지 못한 채 변두리에 머물러 있어서 그렇지 실은 이미 오래전부터 있어온 것이라고 지적한다. 일찍이 브리야사바랭Brillat-Savarin은 1825년에 발표한《미식 예찬Physiology of Taste》에서 '식도락'과 '함께 모여 식사하는 일'의 즐거움, 식탁 주위에 둘러앉아 웃고 떠들기, 함께 모여 음식을 먹고 농담을 하고 떠들며 노는 즐거움 등은 사회에서 극히 중요한 유대에 속한다고 주장한 바 있다. 관료제와 기술의 연합군으로부터 심한 타격을 입지 않고 해방된 '함께함'을 가리키던 오늘날의 공생공락 개념을 다듬고 구체화한 것은 이반 일리치Ivan Illich이다. 오스트리아 태생의 철학자이면서 가톨릭 사제이자 신랄한 사회 비평가로《성장을 멈춰라Tools for conviviality》(1973)를 쓴 일리치는, 스스로 "전문 엘리트"가 벌이는 "생존을 건 싸움"이라고 표현한 것에 맞서 싸웠다. 하지만 소비자 시장은 공생공락 모델의 매력 속에 감춰져 있던 상업적 가능성을 찾아내 탐욕스럽게 상품화해왔다. 다른 수많은 사회적·윤리적 충동처럼, 공생공락의 모델들도 상품화되고 대개는 브랜드 로고가 찍히게 되었으며 GNP 통계에마저 포함되기에 이르렀다. 이제 GNP 통계에서 그것들이 차지하는 비율은 꾸준히 증가하고, 지금으로서는 그 추세를 막을 수 없다……

따라서 문제(아직은 경험에 의거한 확실한 해법이 없는 문제)는 하나같이 무한한 경제성장의 목적으로 귀결되는 부의 추구라는 즐거움, 시장이 공급하는 소비재의 향유, '남들보다 한발 먼저' 등을 대신하는 행복한 삶의 비결로서, 과

연 공생공락의 즐거움이 사람들에게 널리 받아들여질 수 있는가 하는 것이다. 요컨대 공생공락의 즐거움이 아무리 '자연적'이고 '고유'하며 '마음에서 저절로 우러난' 것이라고 해도, 현재 널리 퍼져 있는 사회구조 내에서 우리가 마케팅의 영향을 무시하고 공리주의의 함정에 빠지지 않으면서 그러한 즐거움을 추구할 수 있을 것인가?

바로 그러한 시도들이 오늘날 진행되고 있다. 1986년 카를로 페트리니Carlo Petrini의 주도하에 이탈리아에서 시작되어 점차 세계적 운동으로 발전해가고 있는 슬로푸드 운동을 예로 들 수 있다. 패스트푸드의 대안으로 시작된 이 운동은 지역의 전통적인 요리법을 보존하고 지역 생태계에 고유한 농작물, 종자, 가축 사육 등을 권장한다. 현재 슬로푸드 운동은 150개국에서 10만 명 이상의 회원을 거느릴 만큼 세계적인 규모로 확산되었다. 이 운동이 내건 지속 가능한 음식과 지역 소기업 진흥이라는 목표는 농업 생산물의 세계화에 반대하는 정치적 의제와 궤를 같이한다. 이들의 기본 목표와 이상은 '남들보다 한발 먼저'

왜 우리는 불평등을 감수하는가?

와 무한 경쟁이 주는 잔인한 쾌락 대신에 지금까지 거의 잊혀 있던 공동 목적을 위한 공생공락, 친목, 협력의 기쁨을 되살리고 재발견하는 것이다. 위키피디아에 따르면, 전 세계에 걸쳐 약 1300개 가량의 슬로푸드 '지부convivium'가 존재한다. 특히 이탈리아에는 '콘도테condotte'라 불리는 지부 360개가 분포하며, 회원수는 도합 3만 5000명에 이른다. 슬로푸드 운동은 탈중앙화되어 있다. 각 지부마다 지도자가 있어 맛보기 워크숍, 와인 시음회, 농부의 시장 같은 지역 행사들을 통해 지역의 장인, 농부, 맛을 알리는 일을 책임진다. 스위스(1995), 독일(1998), 뉴욕시(2000), 프랑스(2003), 일본(2005)에 이어 가장 최근에는 영국과 칠레에도 슬로푸드 사무소가 개설되었다.

슬로푸드 운동(뒤를 이어 1999년에 유사한 가치와 목적을 내건 치타슬로Cittaslow운동이 시작되어 14개국으로 확산되었다)은 행복에 대한 갈망이 소비자 시장에 의해 정복되어 소비주의적 주지육림이 지배하게 된 행성에 닥칠 수 있는 사회적 참사(만일 상황을 완화 혹은 종결시키려는 아무런 시도도 하지 않고 상황이 '지금까지처럼 진행'되게 방치한다면 거의 틀림없이 닥치게 될 참사)를 막기 위해 할 수 있는 일 가운데 하나의 사례일 뿐이다. 그것도 아직까지는 소규모인 데다 이제 갓 시작된, 땅에 대한 잠정적 실험 정도라고 할 수 있다. 만일 조금 전 언급한 것과 같은 사회적 참사가 발생한다면, 그것은 하랄트 벨처Harald Welzer가 최근 소비의 증가를 통해 행복을 얻으려는 우리의 집단적 결정이 초래한 어느 정도 불가피한 기후변화의 사회적 결과들에 대한 면밀한 연구에서 경고했듯이, 틀림없이 "국가들만이 아니라 세대 간의 불균형, 불평등, 부정의의 심화"를 초래할 것이다.[41] 하지만 문제는 '글로벌 자본주의의 세계'가 파국을 막는 데 필요한 '장기 목표들'을 끝까지 밀고 나가기는커녕 아예 착수할 능력조차 없다는 것이다. 그렇다면 우리의 생활방식과 그 지침이 되는 가치들을 근본적으로 다시 고찰하고 수정할 필요가 있다. 벨처는 말한다.

위기의 시대에는 그동안 결코 생각해본 적 없는

비전이나, 비전까지는 아니더라도 최소한 발상이라 할 만한 것들을 찾아내야 한다. 그러한 비전이나 발상이 순진한 이야기처럼 들릴 수도 있겠지만 실제로는 그렇지 않다. 오히려 대규모의 파괴를 일으키고 있는 기차에 탄 승객들이, 기차의 속도와 방향을 바꾸겠다고 열차 안에서 각자 반대 방향으로 열심히 내달리는 행위야말로 정말 순진한 것 아닐까? 알버트 아인슈타인Albert Einstein이 말했듯이, 문제는 애초에 그 문제를 만들어낸 사고 패턴으로는 해결할 수 없다. 진로를 바꿀 필요가 있으며, 그러자면 먼저 기차부터 정지시켜야 한다.

이어서 벨처는 다음과 같이 말한다.

기후변화에 대처하는 개개인의 전략은 진정제 역할만 할 뿐이다. 반면에 국제정치의 차원에서는 먼 미래에 이루어질 변화의 전망만을 제공한다. 결국

문화적 행위는 그 **중간 차원**, 즉 각자가 살고 있는 사회의 차원에 내맡겨지며, 사람들이 장차 어떻게 살기를 원하는가와 관련한 민주주의적 문제가 된다. (…) 주안점은, 승용차 이용을 줄이고 트램을 더 많이 이용한다거나 하는 식으로 욕망을 자제하는 데 그치는 게 아니라, 자신들이 **좋다**고 생각하는 변화에 문화적으로 참여하는 시민이 되는 것이다.

위기가 도래했을 때, 경고를 들은 적이 없다고 말하지 마시길. 필자나 독자, 그리고 우리 모두에게 최선은, 아직 우리에게 힘을 합쳐 방어할 능력이 남아 있을 때 위기가 구체화되지 못하도록 막는 것이다…….

왜 우리는 불평등을 감수하는가?

사회적 불평등의
'자연스러움'

우리는 소수의 능력을 잘 보살피고 다듬고 뒷받침해주고 보상을 제공하는 것이 다수의 행복에 이르는 최선의 길이라고 믿도록 교육받고 훈련받아왔다. 우리는 능력이란 원래 불평등하게 분배되는 것이라고 생각한다. 이런 생각에 따르면, 어떤 사람들은 다른 사람들이 아무리 힘들게 노력해도 결코 달성할 수 없는 것을 쉽게 이룰 수 있다. 하지만 그런 축복을 받은 사람들은 극히 드물다. 대다수의 사람들은 아무 능력도 없거나 혹은 별 볼 일 없는 능력만을 갖고 있을 뿐이다. 인간 종의 구성원으로서 우리 대부분은 후자의 범주에 속한다. 그렇기 때문에 사회적 지위와 특권의 위계는 피라미드 모양이 될 수밖에 없다는 이야기를 우리는 줄기차게 들어왔다. 그 말이 의미하는 바는, 결국 피라미드의 위로 갈수록 거기까지 오를 수 있는 사람들의 수는 점점 더 줄어들 수밖에 없다는 것이다.

이러한 믿음들은 양심의 가책을 달래고 자아를 고양시킴으로써 사회적 위계의 상층에 있는 사람들에게 만족과 기쁨을 준다. 하지만 동시에 좌절과 자책감을 덜어주는 역할도 하기 때문에 사다리의 아래쪽에 있는 모든 이들에게도 복음이 된다. 물론 별 볼 일 없는 엉터리 복음이지만 말이다. 또한 이러한 믿음들은 원래의 메시지를 새겨듣지 않고 타고난 능력 이상의 높은 목표를 좇는 모든 이들에게 유용한 경고를 전하기도 한다. 이 같은 소식은 대체로 반대와 저항의 가능성을 감소시키고, 실패에의 투항과 체념의 고통을 견디기 쉽게 해줌으로써 우리가 도착점에서 만나게 될 불평등, 무시무시하게 부풀어 오른 엄청난 불평등을 감수하게 만든다. 요컨대 그것들은 사회적 불평등의 변함없는 지속과 심화에 이바지한다. 대니얼 돌링의 주장처럼,

부유한 국가들 내에서 사회적 불평등이 지속되는 것은 '부정의의 교의'에 대한 믿음이 계속 이어

왜 우리는 불평등을 감수하는가?

지고 있기 때문이며, 만일 우리가 사는 사회의 이데 올로기적 구조에 잘못된 점이 있을 수 있다는 사실을 알게 되면 사람들은 충격을 받을 것이다. 노예제가 존재하던 시대에 농장을 소유한 가족들은 노예에 대한 소유권을 자연적인 것으로 보았다. 또한 여성에게 투표권을 주지 않는 것이 '자연의 섭리'로 여겨진 적이 있었듯이, 많은 이들에게 우리 시대의 너무나 커다란 부정의는 정상적인 경관의 일부일 뿐이다.[42]

미국의 사회학자 배링턴 무어Barrington Moore Jr.는 불평등에 대한 대중의 반응을 다룬 주요 저서《부정의: 복종과 반역의 사회적 토대Injustice: The Social Bases of Obedience and Revolts》에서, '정의'와 '부정의' 가운데 부정의가 더 기본적인 개념이며 대체로 '정의'는 '부정의'에 의거해 규정되는데도 오히려 부정의가 주목을 덜 받는다고 주장했다.[43] 이를테면 구체적인 사회적 상황에서 정의의 기준은 항상

당시에 가장 불쾌하고 고통스럽고 분노를 유발한다고 여겨지는(따라서 극복되고 제거되었으면 하고 가장 열렬히 소망하게 되는) 형태의 부정의에 의해 환기되거나 암시되며 때로는 결정되기도 한다는 것이다. 요컨대 무어는 '정의'를 **구체적인** '부정의'의 부정으로 본다. 또한 그에 따르면, 대단히 가혹하고 답답하고 혐오스러운 상황조차도 웬만해서는 부정의로 규정되지 않는다. 그러한 상황들이 '정상적인' 혹은 '자연적인' 것으로 정착할 만큼 충분히 오래 지속되거나, '우리 같은 사람들'이 사는 더 좋은 환경을 전혀 경험해본 적이 없거나, 설사 그런 경험이 있다 해도 분명하게 기억하고 있지 않는 한, 당장 자신이 처한 곤경과 비교할 만한 것이 없을 것이고 따라서 반란을 지지할 만한 아무런 논거도(어떠한 정당화나 어떠한 현실적 가능성도) 알지 못할 것이기 때문이다. 그렇지만 이미 수많은 가혹한 요구들에 시달리고 있는 상태에서 약간이라도 새로운 압력이 추가될 경우에는, 다시 말해 삶의 조건이 조금이라도 더 나빠질 경우에는, 그 즉시 그것은 저항과 반작용을 필요로 하는

왜 우리는 불평등을 감수하는가?

부정의로 간주된다.

예를 들어 중세의 농민들은 삶의 조건과 관련하여 자신들과 영주들 간의 극심한 불평등을 대체로 받아들였고 견딜 수 없을 만큼 무겁고 쓸모없는 일상적인 노역과 부역의 요구에도 반발하지 않았지만, 그 요구와 압력이 조금만 늘어나도 '관습적 권리들'을 지키기 위한 농민 봉기가 불타오를 수 있었다. 또 다른 예로 현대의 공장에서 노동조합에 가입한 노동자들의 경우, 동종 업계에서 동일한 기술을 가진 다른 공장노동자들의 임금은 인상된 반면 자신들의 임금은 그대로일 때 동맹파업에 들어가곤 한다. 자신들보다 기술 수준이 떨어진다고 생각하는 노동자들의 임금이 자신들의 임금과 같은 수준으로 인상될 때도 마찬가지다. 어느 경우든 사람들의 이의 제기와 투쟁을 야기한 '부정의'란 그들이 '정상적' 혹은 '자연적'이라고 생각해왔던 계층구조에서 자기들에게 일어난 불리한 **변화**를 의미한다. 즉, **상대적** 박탈의 경우를 가리키는 것이다.

그러므로 적극적 저항을 불러일으키는 '부정의'란 비교에서 비롯한다. 충분히 시간이 흘러 '정상상태'로 굳어진 과거의 상황들과 현재 자신의 곤궁을 비교하는 데서, 혹은 '자연적으로 동일'하거나 '자연적으로 열등한' 신분 및 지위와 자신의 신분 및 지위를 비교하는 데서 나오는 것이다. 대부분의 사람들에게, '부정의하다'는 것은 대체로 '자연적인'(실제로는 '관습적인') 것으로부터 벗어남을 의미한다. '자연적인' 것은 정의로운 것도 부정의한 것도 아니다. 그것은 그저 '사물의 질서 속에' '사물들이 있던 대로' 그리고 사물들이 있어야만 하는 대로의 정지 상태를 의미한다. '자연적인' 것으로부터의 일탈에 저항한다는 것은 결국 익숙한 질서를 향한 옹호를 의미한다.

적어도 배링턴 무어를 비롯한 학자들이 '상대적 박탈' 현상을 연구하던 시대에는 이것이 맞는 말이었다. 그러나 지금은 아니다……. 오늘날에는 '우리와 비슷한 다른 사람들'도, 우리 자신의 과거 신분이나 생활수준도 '자연적'인 비교 기준이 아니다. 지금은 '높든 낮든' 모든 생활 형

왜 우리는 불평등을 감수하는가?

태가 공개적으로 전시되어 누구나 볼 수 있으며, 원칙적으로는 누구나 누릴 수 있을 듯한 유혹적인 착각을 불러일으키거나 그 정도는 아니라 해도 최소한 누구에게든 '팔리기 위해 나와' 있다. 공간이나 시간상 아무리 멀리 떨어져 있고 아무리 이국적인 생활 형태라 해도, 원칙적으로 자신의 생활 형태를 가늠하는 비교 기준이자 평가 척도로 선택될 수 있다. 애초에 타깃으로 삼은 사람들만이 아니라 혹시 있을지도 모를 다른 사람들까지 찾아내기 위해 수신인을 가리지 않고 열린 공간에 메시지를 내보내는 다큐멘터리, 다큐드라마, 가십 칼럼, 광고 같은 것들, 그리고 인권이라는 것이 인권을 지닌 것으로 상정되는 존재들 간의 신분 및 지위의 차이에 대한 수용이나 승인은커녕 그에 대한 인식조차 완강히 거부한다고 보는(이론상으로는 아니지만 실제로는 그렇게 보는) 인권관은 이러한 추세를 더욱 부추긴다. 그리하여 '부정의한' 불평등을 발견해내고 정확히 짚어내는 일조차, 주관적 판단에 맡겨지게 되었다는 의미에서 사실상 '탈규제'되고 상당히 '개인화'

된 셈이다.

때로는 개인적 판단들이 서로 중첩되거나 합쳐지는 경우도 있지만, 그것은 계급이나 범주에 따라 결정된 관점이라기보다는 개인이 선택한 판단들에 대한 공적 논의와 타협의 결과이다. 사람들의 의견이 어느 정도로 일치하고 같은 의견을 가진 진영의 사회적 구성이 어떠한지는 여론조사를 통해 드러난다. 여론조사는 응답자들이 자율적인 존재로서 독립적으로 선택할 수 있다고 가정한다(옳은 가정이건 반사실적 가정이건 간에). 사람들은 여론조사 기관들이 발표한 흩어진 의견들을 가리켜 뒤르켐Émile Durkheim이 말하는 '사회적 사실'로 응결된 주된 사례라고, 아니 아마도 유일한 사례라고 결론짓고 싶어 한다. 예를 들어 영국고임금위원회가 1년에 걸쳐 조사한 결과가 공표된 이후 실시한 여론조사에서, 응답자 5명 중 4명이 최고 경영자들에 대한 보수와 보너스가 지나친 수준이라고 답했고 3명 중 2명은 기업들이 보수와 보너스 산정에서 책임감 있는 태도를 보이지 않는 것 같다고 응답했다. 두 경우에서 확실히 대다수의 응답자들은 최고 경영자들의 보수와 보너스가 과도하고 부정의하며 명백하게 '부자연스럽다'고 생각했지만, 동시에 그러한 이례적 사태를 '자연스러운 것'으로 인정하는 것으로 보인다……. 우리 가운데 가장 어리숙한 사람들조차도 영국 최고 경영자들의 평균 보수가 지난 30년 동안 약 4000퍼센트 이상 늘어난 것에 대해 '천부적 재능의 소유자들'의 수와 능력이 그만큼 증가했기 때문이라는 주장에 결코 동의하지 않을 것이다. 하지만 통계를 보면, 대다수의 응답자들이 불평등의 부자연스러운 과잉에 대해 한목소리로 반대하고 있다는 표지는 전혀 찾아볼 수 없다. 다만 통계적 의미에서 그런 해석을 할 수 있을 뿐.

앞서 보았듯이, 개인의 재능과 능력의 자연적 불평등에 대한 믿음은 수백 년 동안 사회적 불평등이 무리 없이 수용되는 데 기여한 가장 강력한 요소 중 하나였다. 하지만 그것은 동시에 사회적 불평등의 확대를 제어하는 매우 효과적인 브레이크 역할도 했다. 다시 말해 그러한 민음은 불평등의 '부자연스러운'(실제로는 '지나친') 정도, 즉 부정의한 정도를 탐지하고 측정하는 기준을 제공했으며 그것의 수정 또한 요구했다. 사회주의 ('복지') 국가의 전성기에 볼 수 있었듯이, 때로 그것은 사회 위계의 상층과 하층 간 간극을 얼마간 좁히는 역할도 했다. 하지만 오늘날의 사회적 불평등은 '자연스러움'이라는 가면을 쓰지 않고도 스스로를 영속화하는 방법들을 찾아내고 있는 것 같다. 결론적으로 말하면, 사회적 불평등은 패배한 것이 아니라 오히려 승리한 듯 보인다. 사실상 사회적 불평등의 정당성을 옹호하기 위해서는 이제 다른 논증들이 필요하지만, 사회적 불평등은 그렇게 하는 대신에 '자연스러움'에 근거한 자기변호를 중단해버렸다. 그리하여 '부자연스러움'이라는 둘도 없는 벗을 근거로 이루어지던 사회적 불평등에 대한 비판은 제거되거나 최소한으로 축소되었으며, 사회적 불평등의 결과들은 중립화될 수 있게 되었다. 사회적 불평등이 스스로를 영속화할 수 있는 능력에다 스스로를 선전하고 강화할 수 있는 능력까지 갖추

왜 우리는 불평등을 감수하는가?

게 된 것이다. 이제 사회적 불평등의 행진을 막을 것은 아무것도 없다…….

정의로 가는 열쇠, 경쟁

실용주의 철학의 창시자 가운데 하나이자 가장 뛰어난 저술가에 속하는 찰스 퍼스Charles S. Peirce는 '사물'을 가리켜 "우리 말과 생각의 대상이 될 수 있는 모든 것"이라고 정의했다. 달리 말하자면, 의식과 자기의식을 갖추고서 **사물**을 우리 생각과 말의 대상으로 만들어 존재할 수 있게 하는 것은 다름 아닌 우리 인간, 즉 **주체**, 지각하고 생각하는 존재라고 할 수 있다.

이 점에서 퍼스는 현대 철학의 선구자인 르네 데카르트가 개척한 길을 따라갔다. 더 이상 의심할 수 없는 최종적인 존재 증명을 추구한(다시 말해 단지 상상으로 만들어낸 것을 정말로 존재하는 것으로 믿게끔 사악하고 교활한 악마에게 속는 일을 피하고자 한) 데카르트는 그러한 **추구 행위** 자체, 즉 계속 의심하고 그 의심을 어떻게 제거할 것인지에 대해 생각하는 행위야말로 존재 확신에 필요한 증거라는 결론에 도달했다. 의심하는 존재자 없이 의심은 있을 수 없고 생각하는 존재자 없이 생각은 있을 수 없으므로, 실로 의심하고 사유하는 경험은 자기 자신의 존재를 확인하는 데 필요하고도 충분한 증거이다. 인간은 바로 이렇듯 의심 활동과 사유 활동을 한다는 점에서 다른 모든 피조물들과 구별된다.

요컨대 데카르트에 따르면 **생각하는** 존재로서 우리는 **주체**이며, 다른 모든 존재는 우리의 사유 **대상**, 즉 **사물**이다. 그러므로 주체와 객체, 생각하는 '자아'와 자아의 사유 대상인 '그것' 사이에는 본질적인 차이, 접근 불가능한 간극이 있다. 둘의 관계에서 주체는 능동적이고 창조적인 반면, 객체는 주체의 행위들을 수용하는 쪽이다. 주체는 의식을 갖고 '의미'하며 '의도'한다. 즉, '동기'를 갖는다. 또한 그러한 동기에 따라 행동하고자 하는 '의지'도

왜 우리는 불평등을 감수하는가?

갖는다. 반대로 대상들에게는 이 모든 것이 결여되어 있다. 대상들, 즉 '사물들'은 주체와 정반대로 생명이 없고 비활동적이고 순응적이고 무관심하고 유순하고 복종적이며 수용하고 견딘다. 그것들은 분명히 행위를 수용하는 쪽이다. '주체'는 행위를 하는 인간이고, '대상'은 행위가 가해지는 존재다. 임마누엘 칸트Immanuel Kant는 주체-객체 관계의 '능동적' 측면을 남김없이 주체의 쪽으로 옮겨놓으려 했다. 칸트에게 사물들은 주체의 조사 대상이자 처리 대상이다. 그것들은 주체 덕분에 의미와 지위를 갖게 된다. 버트런드 러셀Bertrand Russell은 이러한 것들을 '사실들facts'이라고 부른다('행위가 가해진 것' 혹은 '만들어진 것'을 뜻하는 영단어 fact는 '하다', '만들다'는 뜻을 갖는 라틴어 'facere'에서 유래했다).

분명히 사물들은 '행위가 가해진' 것이거나 '만들어진' 것이다. 더 정확히 말하면, 사물들은 **외적인** 실체나 힘인 인간 정신에 의해 설계되고, 빚어지고, 생산되고, 형성되고, 형태가 주어지고, 규정되고, 동일성과 의미가 부여

되었다. 그것들은 의식이 없고, 따라서 의미할 능력이 없다. 그러므로 그것들의 **의미**는 생각하고 의도하고 행하는 존재들인 '주체들'에 의해 정해진다. 주체는 자신의 의도와 목적에 대한 적절성이나 부적절성, 유용성이나 무용성, 의미나 무의미, 최종적으로는 적합성이나 부적합성이라는 관점에서 자유롭게 사물들의 의미를 정한다.

간단히 말해, 주체와 객체 혹은 **생각하는 인간**과 **사물** 간의 간극은 주체의 의도와 목적 때문에 좁혀질 수 없다. 이때 '좁혀질 수 없다'는 생각, 다시 말해 지위들 간의 대립은 돌이킬 수 없으며 지위들의 관계는 치유할 수 없을 정도로 비대칭적이라는 생각은, 작동 중인 권력에 대한 일반적 경험이 반영된 것이다. 즉 우월함과 종속, 명령과 복종, 행동의 자유와 필연적인 순종의 경험이 반영되었다고할 수 있다. 주체-객체 관계에 대한 서술은 '권력' '통치' 혹은 '지배'에 대한 서술과 놀라우리만치 유사하다. 사물들이 정의되고 분류되고 평가되고 취급되는 방식은 주체가 자신에게 필요하다고 생각하는 것에 의해 결정되고 주

왜 우리는 불평등을 감수하는가?

체의 편의에 따라 조정된다. 그리하여 우리는 다음과 같이 결론짓곤 한다. 본래 수동적이고 감각이 없고 말을 할 줄 모르는 **사물들**은 본래 능동적이고 지각과 판단을 가진 **주체들**에 봉사하기 위해 거기에 존재할 뿐이다(언제든, 어디서든, '거기에' 존재할 것이다). 사물들은 바로 그런 조건에서만 '사물'이다. 그것들은 고유의 '물적thingy' 성질들 때문이 아니라 주체에게 선택되는 관계 때문에 '사물들'인 것이고, 그러한 선택을 하는 것은 주체다. 대상에 '사물'의 지위를 부여하는 것도, 사물들이 그 지위에서 벗어나지 못하게 잡아놓는 것도 주체다. 이렇듯 사물의 지위는 대상들의 결정권과 선택권, 결정 능력과 선택 능력을 부정함으로써, 즉 선호를 표현하고 그에 대한 인정을 요구할 대상들의 권리와 능력을 부정함으로써, 또는 그런 권리 그리고/혹은 능력을 박탈해버림으로써 부여된다.

결론적으로 말해, 존재들을 주체와 객체로 구분하는 방식은 그 일방적인 성격 때문에 논쟁을 불러일으킬 여지가 있으며, 경우에 따라서는 실제로 뜨거운 논쟁의 대상이 되기도 한다. 하지만 논쟁이 벌어져도 분명하게 해결되는 경우는 없다. 어찌 보면, 주객 분리와 관련한 주장들은 일종의 스냅사진에 불과하다. 즉, 그것들은 진행 중인 권력투쟁의 현재 단계, 원칙적으로 완전히 뒤바뀔 수 있는 일시적인 단계의 기록일 뿐이다. 권력투쟁의 매 순간에서, 주객 분리는 갈등의 종식이 아니라 또 다른 권력투쟁이나 현재 상태에 대한 재검토를 초래하는 일시적인 해결책에 지나지 않는다.

이러한 갈등 상황에 처한 인간의 존재 방식을 다루는 가장 중요하고도 주목할 만한 사례는, 노예들을 '말하는 도구'로 분류한 아리스토텔레스에게서 볼 수 있듯이, 생명 없는 대상과 관련한 경험에서 이끌어낸 주객 관계의 모델을 인간 혹은 인간 범주들 **사이**의 관계로 옮겨놓는 경우다. 다시 말해 **애초부터** 의식이나 동기, 의지가 없기 때문에 공감이나 동정을 요구하지도 명령하지도 않는 실체들로서의 '사물들'을 상정하여 만든 정교한 패턴에 따라 인간들을 다루는 것이다. 하지만 논리와 도덕을 무시하면서 그러한 패턴을 이처럼 잘못된 방향으로 부당하게 옮겨놓으려는 경향은 유동하는 현대의 개인주의화된 소비자 사회에 널리 확산되었으며, 계속해서 힘을 더해 간다는 온갖 징후가 드러나고 있다.

사태를 이렇게 바꾸어놓은 주된 책임은 엄청나게 발전한 소비주의 문화에 있다. 소비주의 문화는 사람 사는 세상 전체를 구석구석까지 오로지 잠재적 소비 대상들로만 가득 찬 거대한 컨테이너로 가정함으로써 소비자 시장에서 정해진 기준에 따라 각각의 세속적 실체에 대한 인식과 평가를 정당화하고 촉진한다. 그러한 기준들은 고객과 상품, 소비자와 소비재 사이에 극심한 비대칭적 관계를 확립한다. 고객과 소비자가 상품과 소비재에서 기대하는 것은 자신의 필요와 욕구와 소망의 충족일 뿐이고, 상품과 소비재의 의미와 가치는 오로지 고객과 소비자의 기대를 얼마나 충족시키느냐에 따라서만 주어진다. 소비자는 자신의 필요나 의도에 바람직하거나 '적절하다'고 생각되는 대상이 얼마나 기대에 부응하는지, 자신이 생각하는 바

람직함 그리고/혹은 적절함을 얼마나 오랫동안 유지하는
지를 자유롭게 결정할 수 있을 뿐만 아니라, 바람직한 대
상을 바람직하지 못하거나 시시하거나 무의미하거나 부
적절한 대상들로부터 자유롭게 분리시킬 수 있다.

소비를 목적으로 만들어진 '사물들'은 쾌락을 제공하
는 능력이 감소하지 않는 한 소비자들에게 유용성(사물들
의 유일한 존재 이유)을 갖지만, 그 능력이 감소하는 즉시 유
용성을 상실한다. 우리는 상점에서 구매하는 상품들, 즉
'사물들'에 충성을 맹세하지 않는다. 상품들이 더 이상 쾌
락이나 위안을 주지 않게 되더라도 그것들이 우리가 사
는 공간을 어지럽히도록 내버려두겠다고 보장은커녕 다
짐도 하지 않는다. 구매된 상품들의 유일한 용도는 약속
된 쾌락이나 위안을 제공하는 데 있다. 그것들이 더 이상
쾌락이나 위안을 제공하지 않게 되거나 소유자/사용자
들이 다른 데서 더 많은 만족이나 질적으로 나은 만족을
얻을 수 있게 되면 상품들은 폐기되거나 대체될 수 있고,
그래야만 하며, 대개는 실제로 그렇게 된다.

왜 우리는 불평등을 감수하는가?

어린 시절부터 시작해 일생 동안 인간들 간의 상호작용에 접목되고 소비자 사회에서 살아가는 모든 소비자에게 주입되는 것은 바로 이와 같은 고객-상품, 혹은 사용자-유용성 관계의 패턴이다. 오늘날 인간적 유대가 취약하고 서로 간의 결의와 파트너십이 쉽게 변질되는 것은 주로 이러한 주입 내지 훈련 때문이다. 한편 이와 같은 인간적 유대의 불안정성과 변화 가능성은 오늘날 수많은 사람들에게 따라붙어 수많은 정신적 불안과 불행을 초래하는 두려움, 배제되고 버려져 혼자 있게 되지나 않을까 하는 두려움들의 영구적 원천이기도 하다. 그도 그럴 것이, 극도로 비대칭적인 주객 관계 모델이 일단 고객-상품 패턴의 탈을 쓰고 소비자 시장에 수용되어 활용되면, 그 즉시 우리 모두가, 때로는 동시에, 때로는 단속적으로 주체이자 객체로서의 역할을 담당하는 연대와 상호작용을 이끌고 보조하기에는 지극히 부적절한 것으로 밝혀지기 때문이다. 고객-상품 패턴과 달리, 인간 대 인간의 관계는 대칭적이다. 여기서 관계의 양측은 각기 '주체'인 동시에 '객체'이다. 주체와 객체는 서로 분리될 수 없다. 관계의 양측 모두 동기를 가진 행위자인 동시에 자주적 결정의 원천이자 의미의 구성자이다. 둘 모두 능동적 존재로 참여하는 상호작용에서 시나리오의 공저자, 즉 행위를 하는 자이면서 동시에 행위의 대상이 되는 자이기 때문에 장면 설정은 두 면을 모두 갖추어야 한다. 만일 상호작용 하는 양자가 주체의 역할과 객체의 역할을 모두 담당하는 데 동의하지 않는다면, 그리고 두 역할을 모두 담당할 때 반드시 따르는 위험을 감수하는 데 동의하지 않는다면, 진정으로 완전히 인간적인 관계(주체와 객체의 진정한 만남과 사전 협력이 필요한 관계)는 있을 수 없다.

위험들은 거기에 그대로 머물러 있다. 같은 상황을 서로 다른 관점에서 바라보며 사전에 충분히 조율되지 않은 목표를 추구하는 **두 명의 자율적이고 자주적인 행위자인** 두 주체 간에는 영구적인 충돌 가능성이 존재하므로 긴장은 제거되지 않은 채 영원히 남게 되며, 따라서 마찰이 불가피하다. 주체들은 성가시고 골치 아프고 껄끄러운 협

왜 우리는 불평등을 감수하는가?

상이라든가 불쾌한 타협 혹은 쓰라린 자기희생을 할 수도 있다는 점을 염두에 두고 마음을 단단히 먹는 수밖에 다른 길이 없다. 어떤 주체도 상황에 대한 불가분의 주권과 완전한 지배권을 요구할 수는 없으며, 설사 요구할 수 있다 해도 그것을 손에 움켜쥘 수 있으리라 진심으로 기대할 수는 없다. 이러한 위험들은 **인간 친화적이고 협력적인 공생**에서 특별하고 건전한 즐거움들을 얻고자 할 때 늘 따르는 대가이다. 이 대가를 지불하겠다는 동의는 보물로 가득 찬 문을 여는 마술적 주문일 것이다. "열려라 참깨!" 그러나 많은 사람들이 그 대가가 너무 비싸고 지불하기에는 너무 무거운 부담이 된다는 사실을 깨닫게 된다고 해도, 이는 결코 놀랄 일이 아니다. 왜냐하면 소비자 시장의 메시지는 다름 아닌 바로 그들에게 인간관계에 따르는 불쾌함과 불편함의 제거(실제로는 고객-상품 관계의 패턴에 의거한 인간관계의 개조)를 약속하기 때문이다. 그 약속 때문에 우리 가운데 수많은 사람들이 이를 매력적인 제안으로 여겨 전적으로 수용하고는 기쁨에 겨워 자신의 거래가 가져올 손실을 알지 못한 채 올가미 속으로 걸어 들어가는 것이다.

그러한 선택이 초래하는 손실은 막대하여, 무기력과 어둡고 모호하고 산만하고 이유 없는 두려움들로 그 대가를 치르게 된다. 함정 속에서 살아간다는 것은 언제나 경계를 게을리 하지 않는다는 것, 낯선 사람이나 지나가는 사람 혹은 이웃이나 직장 동료 등 그 누구에게서든 악의적인 의도와 비밀스러운 음모의 낌새를 알아챈다는 것을 의미한다. 함정에 빠진 사람들에게 세계는 의심과 용의자들로 가득한 곳으로 비춰진다. 이런 세계에서 살아가는 사람들 전부, 혹은 거의 전부는 무죄가 입증되기 전까지 유죄이며, 무죄 선고조차 추후 통지가 있기 전까지는 언제든 상소나 즉각 파기의 가능성이 있는 일시적인 것에 불과하다. 다른 사람들과의 연대는 임시변통일 뿐, 요구받는 즉시 탈퇴해야 한다는 조항을 동반한다. 헌신은 무모한 것이 되고, 하물며 장기적인 헌신은 두말할 나위도 없다. 영구적인 결합이 아니라 유연한 결합(인간들 사이의 유대

왜 우리는 불평등을 감수하는가?

를 대단히 불안정한 가운데 분열·번식하는 것으로 느끼게 할 가능성이 큰 결합)이 끈질기게 권유되고 실제로 수요도 많다. 우리는 안전을 위해 인간의 선의와 친절보다는 입구에 있는 CCTV와 무장 경호원에 더 의존한다.

그러한 함정에 빠져버린 세계는 신뢰와 연대, 호의적 협력에 대체로 우호적이지 않다. 그러한 세계는 상호 의존과 충성, 상호부조, 사심 없는 협력, 우정 등을 평가절하하고 폄하하며, 그렇기 때문에 갈수록 차갑고 낯설고 매력 없는 곳이 된다. 우리는 마치 어떤 사람의(그런데 누구의?!) 사유지를 방문한 환영받지 못하는 손님과도 같다. 우편함이나 메일함에는 이미 퇴거 명령서가 우리를 기다리고 있다. 우리는 손을 맞잡는 것이 수갑을 채우는 것이나 진배없고 친밀한 포옹이 너무도 흔히 감금과 혼동되는 '남들보다 한발 먼저' 게임을 끊임없이 벌이는 **경쟁자들**에 둘러싸여 있다고 느낀다. "만인은 만인에 대해 늑대다"라는 오래된 속담을 들어 그러한 변화를 별것 아닌 것으로 치부해버린다면, 그것은 늑대들에 대한 모욕이리라.

4장

말과 행위
사이의 간극

지금까지 언급한 곤경은 결국 우호적인 협력과 상호 관계, 공유, 신뢰, 인정, 존중 등을 바탕으로 하는 공생에 대한 인간적인, 너무나 인간적인 갈망을 경쟁과 경합(탐욕에 이끌린 소수의 축재가 모두의 행복에 이르는 왕도라는 믿음에서 도출되는 존재 양식)으로 대체함으로써 나타난 결과이다.

탐욕에 유익한 점이라고는 단 하나도 없다. 탐욕은 누구에게도 유익하지 않으며, 누구의 탐욕이건 유익하지 않다. 온통 성장과 소비, 경쟁과 자기 이익에만 매달리는 탈규제되고 개인주의화된 세계에서 각기 생존술을 실천하고 있는 우리들은 바로 이 점을 인식하고 이해하고 받아들여야 한다. 그리고 실제로 많은 사람들이 그렇게 하고 있다. 소중히 여기는 가치가 무엇이냐는 질문을 받으면 많은 사람들이, 아마도 대부분의 사람들이 평등, 상호 존중, 연대, 우정이라고 말할 것이다. 하지만 그들의 일상적인 행동이라든가 실질적인 삶의 전략을 잘 살펴보라. 그러면 틀림없이 그들이 스스로 제시한 것과는 완전히 다른 가치들에 따라 행동하고 있다는 것을 알게 될 것이다……. 이상과 현실, 말과 행위 간의 간극이 얼마나 넓은지 발견하면 놀라지 않을 수 없으리라.

그러나 우리 대부분은 위선자가 아니다. 대다수의 사람들이 위선자가 되는 것을 좋아하지 않으며, 피할 수만 있다면 위선자가 되지 않는다. 거짓으로 가득 찬 삶을 일부러 선택할 사람은 거의 없을 것이다. 대부분의 사람들에게 진실함은 소중한 가치이다. 거짓말에 대한 요구는 말할 것도 없고 거짓말을 할 필요조차 별로 없는 세상에서 사는 편을 선호할 것이다. 물론 그럴 일이 전혀 없는 세상에서 사는 것이 최선이리라. 그렇다면 말과 행위 사

왜 우리는 불평등을 감수하는가?

이의 간극은 어디에서 비롯하는 것일까? 현실 앞에서 말은 승산이 거의 없다고 결론지어야 할까? 아니면, 말과 행위 사이의 간극은 극복될 수 있는 것일까? 만일 그렇다면 말과 행위를 잇는 다리는 어떻게 세울 수 있을까? 그리고 그 재료는? 우리는 이러한 질문들에 대한 답을 갈망한다. 만일 우리의 가치들과 그것들을 전달하기 위해 우리가 사용하는 말이 '현실'이라 불리는 것과 겨룰 상대가 못 되고 겨루기에 적합하지도 않다면, 뭣하러 그에 대한 답을 갈망하겠는가? 우리가 소망하거나 없애버리기에는 너무도 강력하고 힘에 부치는 것들을 지칭하기 위해 '현실'이라는 말을 사용하는 데는 다 이유가 있다…….

노벨상을 수상한 작가 엘리아스 카네티Elias Canetti는 26년에 걸쳐 써온 에세이들을 묶어 1975년《말의 양심Das Gewissen der Worte》이라는 책을 펴냈다. 카네티 자신이 밝힌 바에 따르면, 그의 의도는 "인류 역사상 가장 암울한 시대 중 한 시기가 시작되기 이전에" 만들어져 실천에 옮겨졌지만 그러한 시대의 도래를 예견하지는 못했던 '정신적 모델들' 가운데 '인류의 적들'이 지구 파괴라는 자신들의 궁극 목적에 상당히 근접했던 '야만적인 세기'에도 살아남아 행위를 고취할 잠재력과 행위를 이끌 능력, 즉 '유용성'을 어느 정도 유지하고 있는 모델들(갈수록 그 수가 줄어들고 있는)을 소환해 재구성하고 재고찰하는 것이었다.

이 책은 카네티가 1976년 1월 뮌헨에서 작가들에게 했던 연설로 끝을 맺는다. 이 연설에서 그는 현재와 같은 세계 상황에서 "작가나 지금까지 작가라고 간주된 사람들이 쓸모 있는 영역이 있는가"라는 문제를 제기한다. 그는 이름을 알 수 없는 어느 작가가 1939년 8월 23일에 쓴 문장을 인용하며 논의를 시작한다. "끝났다. 내가 진짜 작가라면, 나는 전쟁을 막을 수 있어야 한다." 카네티에 따르면, 이 문장은 두 가지 이유에서 주목할 만하다.

첫째, 이 문장은 상황이 절망적이라는 것을 인정하는 데서 출발한다. 전쟁을 막는 것은 이제 더 이상 가능하지 않다. 결국 모든 것은 '끝'났다. 이제는 다가오는 파국을 멈출 기회도 희망도 없다. 우리의 행위 능력은 한계에 도

왜 우리는 불평등을 감수하는가?

달했다. 물론 그렇다고 해서 이 무시무시한 곤경을 막을 수 없으리라 가정할 이유는 없다. 하지만 결국 그것을 막을 길은 없었으니, 길은 발견되거나 선택될 수 없었던 셈이다. 패배라는 것이, 임박한 파국에 맞서 승리할 가능성이 전혀 없었다는 것을 뜻하지는 않는다. 그저 무지 그리고/혹은 무시로 인해 승리에 실패했음을 의미할 뿐. 또한 패배가 반드시 '정신적 모델'(이 경우에는 '진짜 작가'라는 모델)의 자격 박탈을 의미하는 것도 아니다. 박탈되는 것은 그러한 모델을 따를 것을 주장한 사람들의 에너지와 강도 높은 헌신이다.

둘째, 이것을 쓴 작가는 상처 없는 패배에서 드러난 하나의 진실로서, 작가란 자신의 말이 행복과 파국 간의 차이를 만드는 한에서, 그리고 오직 그럴 경우에만 '진짜' 작가라는 사실을 역설한다. 본질적으로 작가란 말의 위력과 관련한 직업적 **책임**을 다할 경우에, 오직 그럴 경우에만 '진짜' 작가이다. 작가를 '진짜' 작가로 만드는 것은 **현실에 대한 말의 영향력**이다. 카네티의 표현을 빌리면, "말로 표현될 수 있는 모든 것에 책임지고자 하고, 말의 실패에 속죄하고자 하는 갈망"이다.

이상의 두 가지 이유를 종합해볼 때, 카네티는 "오늘날 작가는 존재하지 않지만, 우리는 작가가 존재하기를 열렬히 바라야 한다"고 결론지을 권리가 있다. 그러한 바람에 따라 행동하는 것은 성공 가능성이 아무리 희박해도 '현실적'이 되고자 끊임없이 노력한다는 것을 의미한다. "가장 중요한 것은, 가장 맹목적인 세계라고 모두가 이야기할 세계에 살면서도 그 세계의 변화 가능성을 역설하는 사람들의 존재다."

세계에 대한 책임을 스스로에게 돌리는 것은 두말할 나위 없이 비합리적인 행위이다. 그럼에도, 결정에 대한 책임과 그 결과에 대한 책임을 모두 감수하면서까지 세계에 대한 책임을 받아들이기로 마음먹는 것이야말로 세계의 논리가 초래한 맹목으로부터, 타자와 자신을 죽음으로 몰아넣는 그 결과로부터 세계의 논리를 구원할 마지막 기회다.

하지만 온갖 이야기를 하고, 온갖 것을 읽고, 온갖 것을 생각해봐도 음울하고 참혹한 예감을 떨쳐버릴 수 없다. 정말이지 세계는 카네티가 말한 '진짜 작가들'에게 호의적이지 않다. 세계는 파국으로부터 보호되는 것이 아니라, 파국의 예언자들로부터 보호되고 있는 것만 같다. 여기저기 흩어져 있는 극소수의 창백한 예언자들이 각자의 광야에서 외치고 있다. 하지만 단단히 보호된 세계에 사는 주민들은 거주권을 매정하게 거부당하지 않는 한 예언자의 길로 들어서지 않는다. 저널리스트이자 소설가인 아서 쾨슬러Arthur Koestler가 줄곧 상기시켰듯이(헛수고였다), 인위적인 맹목은 유전이다……. 또 하나의 파국이 있기 직전인 "1933년과 그다음 2~3년 동안에 신생 제3제국에서 무슨 일이 벌어지고 있는지를 잘 이해한 사람들은 오직 몇 천 명에 불과한 난민들뿐이었다." 그것은 바로 난민들을 "아무도 듣지 않는 카산드라의 새된 목소리"와 같은 운명에 처하게 한 차별의 출현이었다.[44] 그로부터 몇 년 후인 1938년 10월, 쾨슬러는 다음과 같이 썼다. "아모

스Amos, 호세아Hosea, 예레미아Jeremiah는 매우 뛰어난 선전가였음에도 자기 민족을 뒤흔들어 경고를 새겨듣게 하는 데 실패했다. 카산드라의 목소리는 벽을 뚫고 나갔다지만, 결국 트로이전쟁은 일어났다."

우리는 파국을 맞이해야만 파국이 왔다는 것을 인식하고 받아들이게 되는 모양이다(아, 그저 회고로만 그치기를). 이런 생각을 해본 적이 있다면 얘기지만, 실로 섬뜩한 생각이 아닐 수 없다. 하지만 이 생각이 틀렸다고 할 수 있을까? 시도해보지 않는 한, 거듭해서 그리고 더욱더 열심히 시도해보지 않는 한, 그 생각이 틀렸는지는 결코 알 수 없을 것이다.

들어가는 말

1 James B. Davies, Susanna Sandstrom, Anthony Shorrocks, Edward N. Wolff, 'The World distribution of household wealth', Discussion Paper No. 2008/03, World Institute for Development Economics Research, United Nations University, Feb. 2008.

2 Jeremy Warner, 'Scourge of inequality is gettingworse and worse', *Telegraph* blog, 3 May 2011, 이 자료가 게시된 곳은 http://blogs.telegraph.co.uk/fi nance/jeremywarner/100010097/scourge-of-inequalityis-getting-worse-and-worse/ (2013년 1월 열람).

1장 우리는 오늘날 정확히 얼마나 불평등한가?

3 Stewart Lansley, *The Cost of Inequality* (Gibson Square Books, 2012), p. 7. 〔스튜어트 랜슬리 지음, 조윤정 옮김,《우리를 위한 경제학은 없다》, 비즈니스북스, 2012〕

4 Ibid, p. 16.

5 Davies et al., 'World distribution of household wealth' 참조.

6 Claudio Gallo, 'Exit democracy, enter tele-oligarchy', interview with Danilo Zolo, Asia Times Online. 이 자료가 게시된 곳은 http://www.atimes.com/atimes/Global_Economy/NI26Dj01.html (2013년 1월 열람)

7 Glenn Firebaugh, *The New Geography of Global Income Inequality* (Harvard University Press, 2003) 참조.

8 François Bourguignon, *La mondialisation de l'inégalité* (Seuil, 2012) 참조.

9 Monique Atlan and Roger-Pol Droit, *Humain, Une enquête philoso-phique sur ces révolutions qui changent nos vies* (Flammarion, 2012), p. 384 참조.

10 다음 사이트에서 인용. 'Explorations in social inequality', http://www.trinity.edu/mkearl/strat.html (2013년 1월 열람).

11 Ibid.

12 Joseph E. Stiglitz, *The Price of Inequality: The Avoidable*

왜 우리는 불평등을 감수하는가?

Causes and Invisible Costs of Inequality (Norton, 2012). 〔조지프 스티글리츠 지음, 이순희 옮김,《불평등의 대가》, 열린책들, 2013〕

13 Daniel Dorling, *Injustice: Why Social Inequality Persists* (Policy Press, 2011), p. 132. 〔대니얼 돌링 지음, 배현 옮김,《불의란 무엇인가》, 21세기북스, 2012〕

14 Ibid., p. 141.

15 Stewart Lansley, 'Inequality: the real cause of our economic woes', 2 Aug. 2012, 이 글이 게시된 곳은 http://www.socialenterpriselive.com/section/comment/policy/20120802/inequality-the-real-cause-oureconomic-woes. (2013년 1월 열람)

16 Richard Wilkinson, Kate Pickett, *The Spirit Level: Why More Equal Societies Almost Always Do Better* (Allen Lane 2009). 〔리처드 윌킨슨·케이트 피킷 지음, 전재웅 옮김,《평등이 답이다》, 이후, 2012〕

17 Bourguignon, *La mondialisation de l'inégalité*, pp. 72~4.

2장 왜 우리는 불평등을 감수하는가?

18 Dorling, *Injustice*, p. 13.

19 Ibid., p. 197.

20 Ibid., p. 24.

3장 새빨간 거짓말, 그보다 더 새빨간 거짓말

21 John M. Coetzee, *Diary of a Bad Year* (Vintage, 2008). 〔존 쿳시 지음, 왕은철 옮김,《어느 운 나쁜 해의 일기》, 민음사, 2009〕

22 Robert Heilbroner, *The Worldly Philosophers*, 7th edn (Simon & Schuster, 2008) 참조.

23 John Stuart Mill, 'Of the stationary state,' in *Principles of Political Economy: With Some of Their Applications to Social Philosophy* (J. W. Parker, 1848), Book 4, ch. 6.

24 Heilbroner , *Worldly Philosophers* 참조.

25 John Maynard Keynes, 'Economic possibilities for our grandchildren' (1930), in John Maynard Keynes, *Essays in Persuasion* (Norton, 1963), pp. 358–73.

26 John Maynard Keynes, in 'First Annual Report of the Arts Council' (1945~1946).

27 Robert Skidelsky, Edward Skidelsky, *How Much Is Enough? Money and the Good Life* (Other Press, 2012). 〔로버트 스키델스키·에드워드 스키델스키 지음, 김병화 옮김,《얼마나 있어야 충분한가》, 부키, 2013〕

28 As presented by LMD on 1 Nov. 2012, 이 자료가 게시된 곳은 http://lmd.lk/2012/11/01/economic-conundrums. (2013년 1월 열람)

29 Julia Kollewe, 'Meet the world's 10 richest billionaires', *Guardian*, 9 Nov. 2012 참조.

30 Anja Weiss, 'The future of global inequality', in Michael Heinlein, Cordula Kropp, Judith Neumer, Angelika Poferl and Regina Römhild (eds), *Futures of Modernity* (Transcript, 2012), pp. 145, 150.

31 'Executive compensation: how much is too much?', 11 Apr. 2008, 이 글이 게시된 곳은 www.investopedia. com/articles/fundamental-analysis/08/executive-compensation.asp#ixzz2Gq2vs9ud. (2013년 1월 열람)

32 Stephen Wright, 'Outrage over "absurd" golden handshake for ousted Yard boss Sir Ian Blair', *Mail Online*, 21 Dec. 2012, 이 글이 게시된 곳은 http://www. dailymail.co.uk/news/article-1084452/Outrage-absurd-golden-handshake-ousted-Yard-boss-Sir-Ian-Blair. html#ixzz2Innx7xwd. (2013년 1월 열람)

33 Lansley, *The Cost of Inequality*, p. 141.

34 Ibid., p. 149.

35 Friedrich Nietzsche, The Antichrist, trans. Anthony M. Ludovici (Prometheus Books, 2000), p. 4.

36 Friedrich Nietzsche, *Thus Spoke Zarathustra*, trans. R. J. Hollingdale (Penguin Classics, 2003), p. 204.

37 Richard Rorty, *Achieving Our Country* (Harvard University Press, 1998), p. 88 참조. (리처드 로티 지음, 임옥희 옮김,《미국 만들기》, 동문선, 2003)

38 François Flahault, *Où est passé le bien commun?* (Mille et

Une Nuits, 2011)

39 *Le Monde*, 4 Mar. 2011.

40 Alain Caillé, Marc Humbert, Serge Latouche, Patrick Viveret, *De la convivialité. Dialogues sur la société conviviale à venir* (La Découverte, 2011).

41 Harald Welzer, *Climate Wars: What People Will Be Killed For in the 21st Century*, trans. Patrick Camiller(Polity, 2012), pp. 174ff 참조. 〔하랄트 벨처 지음, 윤종석 옮김, 《기후전쟁》, 영림카디널, 2010〕

42 Dorling, *Injustice*, p. 13.

43 Barrington Moore, Jr, *Injustice: The Social Bases of Obedience and Revolt* (Random House, 1978)

4장 말과 행위 사이의 간극

44 Arthur Koestler, *The Invisible Writing*(1954), 여기 인용한 원문은 다음 판본에서 인용. Vintage edition(2005), pp. 230~5.

왜 우리는 불평등을 감수하는가?

경제적 불평등이 심화되고 있다는 것은 누구나 아는 사실이다. 하지만 때로는 안다는 생각이 함정이 되기도 한다. 알고 있다는 사실이 중요한 것이 아니라 얼마나 정확히 알고 있느냐가 중요한 경우가 있다. 불평등의 문제가 바로 그렇다.

바우만에 따르면, 지금의 불평등은 이전의 불평등과 질적으로 다르다. 20 대 80의 사회는 이미 철 지난 이야기다. 오늘날 전 세계 최고 부자 20명의 재산 총합이 가장 가난한 10억 명의 재산 총합과 같다. 0.1 대 99.9의 사회다. 지금 일어나고 있는 변화는 단순한 변화가 아니라 돌연변이다. 질적으로 다른 사회적 종의 출현이다. 바우만의 표현을 빌리면, "오늘날 사회적 불평등은 역사상 최초로 영구기관이 되어가고 있는 것으로 보인다."

그런데도 불평등에 대한 분노의 목소리는 없고, 불평등의 찬가, 현실긍정의 찬가가 유행한다. 그것도 다름 아닌 불평등의 희생자들 사이에서. 불평등의 희생자들이 오히려 불평등을 옹호하고 평등의 외침을 비웃는 이 기이한 현상은 어떻게 된 일인가? 불평등의 희생자들이 왜 불평등에 동의하는가?

바우만은 이 기이한 현상의 비밀을 우리가 암묵적으로 수용하고 있는 거짓 믿음들에서 찾는다. 그렇다고 거짓 믿음들을 버리기만 하면 현실을 바꿀 수 있는 것은 아니다. 구조화된 현실의 힘, '운명'의 힘은 막강하다. 하지만 거짓 믿음에 근거한 잘못된 선택이 우리를 옥죄는 구조화된 현실을 만들고 공고히 하는 고리를 끊는 것, 그리고 새로운 삶의 방식을 선택하는 것, 바로 이것이 부정의한 현실을 바꾸기 위한 출발점이 될 것이다. 이러한 선택

왜 우리는 불평등을 감수하는가?

을 하고 그러한 삶을 유지하기 위해서는 초인적인 노력이 필요하다. 그래도 패배할 가능성이 농후하지만, 바우만은 말한다.

"패배라는 것이, 임박한 파국에 맞서 승리할 가능성이 전혀 없었다는 것을 뜻하지는 않는다. 그저 무지 그리고/혹은 무시로 인해 승리에 실패했음을 의미할 뿐."

이 말이 패배한 자의 자기 합리화나 자기 위안으로 들린다면, 그것은 스스로가 현실의 인질이 되어 있기 때문일지 모른다. 스스로 만든 현실의 인질이 된 불평등의 희생자들이 보이는 '스톡홀름 증후군'의 표현이라면 지나친 자학일까.

바우만은 섣불리 희망을 노래하지 않는다. 쉽게 현실을 인정하지도 않는다. 어떤 식으로건 문제를 회피하지 말 것, 손쉽게 타협하지 말고 철저하게 사유할 것, 바로 이것이 바우만의 책을 번역하면서 새삼 떠올리게 된 교훈이다.

수사修辭가 한갓 장식에 그치지 않는 글을 읽고 번역하

는 일은 큰 즐거움이었다. 바우만은 수사가 현실의 새로운 면을 읽어내고 생각거리를 던져주며 진실의 일단을 드러내는 강력한 도구일 수 있음을 보여준다.

바우만의 책을 번역할 수 있게 해준 동녘 출판사에 감사드린다. 아울러 현란한 수사로 가득한 바우만의 글을 이해하는 데 흔쾌히 도움을 준 서강대학교 조교수 마이클 엉거Michael Unger와 홍익대학교 조교수 키스 B. 와그너Keith B. Wagner에게 이 자리를 빌려 특별한 감사를 전한다.